1등 브랜드는 이렇게

─────── 만드는 겁니다

1등 브랜드는 이렇게 만드는 겁니다

펴낸날 초판 1쇄 2019년 4월 5일 ㅣ 초판 2쇄 2020년 5월 20일

지은이 김유림 박준회

펴낸이 임호준
본부장 김소중
편집 박햇님 김유진 고영아 이상미 현유민
디자인 김효숙 정윤경 ㅣ **마케팅** 정영주 길보민
경영지원 나은혜 박석호 ㅣ **IT 운영팀** 표형원 이용직 김준홍 권지선

기획 김현아
사진 김진항 이동화 김태현
인쇄 (주)웰컴피앤피

펴낸곳 북클라우드 ㅣ **발행처** (주)헬스조선 ㅣ **출판등록** 제2-4324호 2006년 1월 12일
주소 서울특별시 중구 세종대로 21길 30 ㅣ **전화** (02) 724-7664 ㅣ **팩스** (02) 722-9339
포스트 post.naver.com/bookcloud_official ㅣ **블로그** blog.naver.com/bookcloud_official

ISBN 979-11-5846-288-8 13320

• 이 도서의 국립중앙도서관 출판예정도서목록(CIP)은 서지정보유통지원시스템 홈페이지(http://seoji.nl.go.kr)와
  국가자료공동목록시스템(http://www.nl.go.kr/kolisnet)에서 이용하실 수 있습니다. (CIP제어번호: CIP2019010164)

• 북클라우드는 독자 여러분의 책에 대한 아이디어와 원고 투고를 기다리고 있습니다.
  책 출간을 원하시는 분은 이메일 vbook@chosun.com으로 간단한 개요와 취지, 연락처 등을 보내주세요.

북클라우드는 건강한 몸과 아름다운 삶을 생각하는 (주)헬스조선의 출판 브랜드입니다.

1등 브랜드는 이렇게 만드는 겁니다

만드는 겁니다

김유림·박준회 취재하고 씀

북클라우드

스타트업 업계를 취재하며 창업가들에게 받은 첫인상은 '열정'과 '개성'이었다. 스타트업 박람회에 취재를 나가면 저마다 창의적인 사업 아이템을 들고 나선 청년 창업자가 가득하다. 어떻게 이런 생각을 했을까 신기하기도 하고, 일반적인 삶의 궤적을 좇지 않고 저마다의 길을 자신감 있게 개척하는 그들의 모습이 부럽기도 했다. 그들의 사업 아이템들을 취재하다 보면, 모두가 성공해 부와 명예를 얻을 수 있을 듯 보였다.

하지만 14%에 불과하다. 한 정부 보고서에서 밝힌 창업 후 5년 이상 운영된 스타트업의 비율이다. 헷갈리면 안 된다. 14%는 '성공 확률'이 아닌 '생존 확률'이다. 큰 수익을 내지 못하거나 사업 전망이 밝지 못하지만 정부의 지원금을 받으며 5년 이상 유지되는 일명 '좀비 스타트업'들도 이 14%에 포함된다. 당연히 성공했다고 평가받을 만한 스타트업의 비율은 훨씬 적다. 이러한 수치는 열에 아홉은 폐업한다는 자영업자의 생존 확률과 비슷하다. 번화가를 둘러보면 오프라인 가게들이 짧은 시기에 수시로 바뀌는 모습을 쉽게 볼 수 있다. 스타트업이 생기고 사라지는 속도도 그만큼이나 빠르다는 뜻이다. 스타트업의 세계는 상상보다 훨씬 혹독하다.

많은 이들이 제2의 애플, 제2의 페이스북을 꿈꾸며 시장에 뛰어들고 확신에 찬 목소리로 사업을 확장할 수 있을 것이라고 포부를 밝힌다. 하지만 대부분이 1~2년이 지나면 소리 소문 없이 사라진다. 그 이유는 무엇일까?

창업가가 가장 먼저 마주하는 큰 벽은 정부 규제다. 5년 전 한 건강 상태 측정 관련 신생 벤처를 취재한 적이 있다. 당시 창업가는 이것이 얼마나 인류에 도움이 되는 아이디어인지 눈을 빛내며 설명했다. 당장 상용화만 된다면 미국, 일본 등 전 세계에서 인기를 끌 것이라고 확신하고 있었다. 하지만 꿈과 현실은 달랐다.

창업을 하고 보니 이런저런 규제가 겹겹이 쌓여 있었다. 식품의약품안전처, 보건복지부, 교육부 등 허가를 받아야 할 관련 부처가 넘쳐났다. 각 정부 부처에 전화를 걸면 "담당자 바꿔드릴게요"라는 말을 수십 번 들은 뒤에야 진짜 담당자와 통화할 수 있었다. 준비해야 할 서류도 많고, 그마저도 한 번에 통과한 적이 없었다. 전 세계인의 건강을 위한 사업을 시작한다며 자신만만했던 이들은 '혹시나 건강 정보를 상업적으로 사용하는 것 아닌가'라는 정부의 의심에 맞서 스스로를 증명하는 과정에서 번번이 좌절했다. 마치 온 우주가 나와 내 사업을 막는 것처럼 느껴지는 절망감. 현재 그 회사는 5년 만에 고사枯死 상태가 됐다.

또한 시장이 준비되지 않은 상황에서 출시돼 외면받는 경우도 있다. 기존에 없었던 사업 아이템이 다른 업체들이 미처 생각하지 못한 것이었는지, 아니면 돈이 안 돼서 안 한 것인지를 구분하지 못한 것이다. 창업가들이야 '이렇게 훌륭한 서비스는 누구든 이용하게 돼 있다'라고 생각하지만, 정작 소비자는 필요성을 못 느끼고 받아들일 준비가 안 된 상태다. 소비자에 대한 철저한 분석을 하지 않은 채 창업가 자신의 아이디어에 취해 제품이나 서비스를 만든 경우다. 혹은 지나치게 높은 가격을 책정하거나 이용이 불편해 외면받기도 한다. 유통 경로나 서비스 유료화 방법, 수익화 방법을 생각하지도 않은 채 묻지마 출시로 사장되는 경우도 많다.

가장 많이 겪는 실패는 팀 내 균열이다. 처음에는 도원결의를 맺으며 활기차게 시작하지만 점점 자금은 바닥나고 사업의 속도가 안 나다 보면 이탈자들이 생긴다. 몇 년 전 창업한 한 인테리어 관련 벤처는 이전 사업을 성공적으로 안착시킨 2기 창업가들이 모여 주목받았지만 결국 1년도 안 돼 실패했다. 또한 유연하고 수평적 조직을 표방하면서 정작 학생 시절의 동아리 수준에서 벗어나지 못하고 체계 없이 운영되다가 조직이 무너지는 경우도 흔하다.

변화를 외면하다 사장되는 사업도 많다. 처음 개발한 기술에만 의존해 새로운 기술 개발은 도외시하다 실패하는 것이다. 과거 기술로 어느 정도 매출이 발생하면 그것에 안주한 채 새로운 기술 개발을 하지 않는다. 결국 더욱 훌륭한 서비스를 반영한 후발 주자에게 애초의 지위를 빼앗기게 되고 과거의 영광만 좇다 뒤안길로 사라지고 만다.

하지만 14%의 낮은 생존 확률을 뚫고 성장하는 기업은 반드시 있다. 우리가 자주 이용하고 소비하는 브랜드들이 그것이다. 그렇다면 그들은 무엇이 다른 걸까? 이 질문에서 이 책은 시작했다.

이에 비교적 오랜 기간 사업을 성장시키고 있는 스타트업 대표 10인을 직접 만났다. 기업 가치가 1조 원이 넘는다고 평가받는 유니콘 기업부터 세상에 없던 서비스로 사회에 크게 기여하고 있는 사회적 기업까지 다양한 기업들을 취재했다. 이들의 진솔한 이야기를 듣고 분석하고 정리했다.

기자의 입장에서 제삼자의 눈으로 좀 더 객관적이고 입체적인 이야기를 전달하고자 했다. 그들이 어떻게 사업 아이디어를 시장이 받아들일 수 있는 비즈니스 모델로 발전시켰는지, 그들의 서비스를 어떻게 소비자에게 알렸는지, 브랜드를 어떻게 트렌드로 만들었는지, 조직원에게 어떻게 신뢰를 얻고 사업 철학을 공유했는지 등 사업의 전반적인 부분을 깊이 있게 다루고자 했다. 이들의 사례를 분석함으로써 실현 가능성 높은 스타트업의 성공 전략을 찾을 수 있을 거라고 믿었기 때문이다.

책의 가장 첫장에는 10곳의 스타트업이 성공에 이를 수 있었던 공통점을 정리해두었다. 이 책이 스타트업을 준비하는 사람 혹은 방향을 잃어 혼란스러운 스타트업 종사자에게 단순히 살아남는 것을 넘어, 성공에 이를 수 있도록 인사이트를 주는 길잡이가 되길 바란다.

2019년 3월
박준회 씀

CONTENTS

이 작은 기업들은
어떻게 시장을 장악했나

창업 5년차, 지속 가능한 성장의 힘을 말하다

숙박? 놀이!
서비스를 명확하게 정의하라

휴가 트렌드를 바꾼 스테이케이션의 선두 주자 » 야놀자

소비 패턴을 바꾸려면
혁신적으로 좋아야 한다

새벽 배송으로 신선식품 이커머스의 기준을 세우다 » 마켓컬리

아이디어보다
빠른 실행력이 스타트업의 무기다

천편일률적인 투어 상품을 새롭게 콘셉팅하다 » **마이리얼트립**

플랫폼의 경쟁력은
트래픽이 아닌 축적된 데이터와 기술력

유저가 만든 63만 개의 인테리어 크라우드 쇼룸 » **오늘의집**

SNS의 소통과 감성을
O2O 플랫폼에 담다

재구매율 80%, 1억 매출 작가를 배출한 핸드메이드 마켓 » 아이디어스

자발적인 바이럴을 부르는
상품을 서비스하다

300만 원짜리 그림을 3만 9000원으로 내 집에 걸다 » 오픈갤러리

브랜딩이란 즐거움을 주는 것

수제맥주, 컬래버레이션으로 흥하다 » **더부스 브루잉**

소수의 취향을 사로잡는 브랜드가 되다

2평짜리 매장에서 가맹점 100개의 블렌딩티 프랜차이저로 » **오가다**

사회적 가치를 브랜드에 담다

10만 명 취준생을 서포트한 정장 공유 스타트업 » 열린옷장

온-오프라인으로의 확장을
두려워하지 마라

최초의 소셜데이팅 플랫폼에서 싱글라이프 비즈니스까지 » 이음

이 작은 기업들은
어떻게
시장을 장악했나

창업 5년차, 지속 가능한 성장의 힘을 말하다

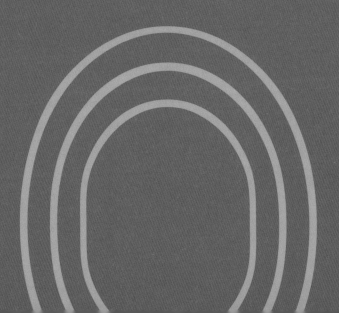

그들의 성공에는 이유가 있다

우리나라 스타트업의 수는 2019년 3월 기준 3만 7000여 곳에 달한다. 그중 필자들은 10곳의 스타트업을 선정해 그들이 성공한 이유를 파헤치기로 기획했다. 이는 전체 스타트업 가운데 0.02%에 불과한 수치다.

기자들 사이에서는 기사 아이템을 선정할 때 흔히 "이야기가 되는 내용인가?"를 묻는다. 이는 '보도할 만한 가치가 있느냐'는 의미다. 필자들이 이 책을 기획하며 가장 먼저, 그리고 가장 중요하게 고민했던 부분도 바로 '이야기가 되는' 스타트업을 찾는 것이었다.

먼저 '성공한 스타트업의 기준은 무엇일까?'라는 질문에 대한 대답이 필요했다. 업계 1위라는 타이틀, 브랜드 인지도, 매출액, 투자금, 기업가치, 직원들의 업무 만족도, 시장의 성장 가능성 등 여러 가지의 기준 중에서 세 가지 기준을 정했다.

첫 번째는 운영 기간이다. 창업한 지 5년차 이상 된 업체들만을 골라냈다. 당연히 성공한 스타트업은 반짝 스타가 아닌 꾸준히 운영된 곳이어야 한다고 생각했기 때문이다. 단, 스타트업의 특성상 서비스나 플랫폼을 변경하는 피벗을 하는 경우가 많다. 이러한 경우 현재 잘 알려진 서비스의 존속 기간이 짧더라도 이를 계속 이어나갈 지속성이 보인다면, 기업의 운영 기간을 감안하여 선정했다. 이 기준 하나만으로도 상당수의 스타트업들이 분석 대상에서 제외되었다. 앞에서도 강조했듯이 5년 이상 운영된 스타트업은 전체의 14%에 불과하기 때문이다.

두 번째는 꾸준한 성장세다. 5년 이상 운영된 모든 스타트업이 성공했다고 보기는 어렵다. 스타트업에 대한 관심이 높아지면서 정부의 지원과 벤처캐피털vc의 투자가 활발해졌기 때문이다. 즉, 성장세는 없는데 지원금과 투자금으로 근근이 운영만 이어가는 스타트업, 일명 '좀비 스타트업'은 성공하기 어렵다고 판단했다. 그래서 자체 동력으로 사업을 지속하는 동안 꾸준한 성장세를 유지한 스타트업만을 추렸다.

마지막은 시장의 성장 가능성이다. 우리는 이 책에서 기업을 이야기하지만, 기업은 시장의 특성을 반영하기 때문에 최대한 다양한 업종을 소개하고자 했다. 실제로 같은 업종의 경우, 기업의 성장 과정이나 마케팅 패턴은 비슷할 수밖에 없다. 그래서 경영자들은 경쟁사를 벤치마킹하지 말고, 다른 업종의 기업을 벤치마킹하라고 하는 것이다. 이 책의 목표 역시 독자에게 인사이트를 제공하는 것이기 때문에 여러 업종에서 성공에 이른 방법을 알려주고자 했다.

현재 전 세계가 경제 불황의 위기를 이야기하지만 그럼에도 불구하고 소비자의 사랑을 받는 시장과 브랜드는 존재한다. 특히 스타트업은 새로운 시장을 공략하는 만큼 스타트업에서 주목받는 시장은 이후의 성장 가능성도 높게 점쳐진다. 아무리 독보적인 기업이라도 시장 자체가 커지지 않으면 그 성장세는 동력을 잃고 시들어버린다. 그러니 스타트업에게 시장의 성장 가능성을 파악하는 건 성공으로 가는 필수 조건이다.

이렇게 세 가지 기준을 세우고 보니 오히려 모두를 충족하는 10곳을 채우기가 어려울 정도였다. 이런 까다로운 과정을 거쳐 필자들이 선정한 기업들의 면면은 화려하다. 2019년 들어 처음으로 국내 7호의 유니콘 기업이 된 야놀자부터, 새벽 배송으로 온라인 신선식품 시장의 기준을 세운 마켓컬리, SNS 플랫폼과 O2O 서비스를 결합한 마이리얼트립, 오늘의집, 아이디어스 등은 1000억 이상의 거래액을 자랑하는 가장 핫한 스타트업이다. 이외에도 오픈갤러리, 열린옷장, 이음 등은 매매를 넘어선 새로운 비즈니스 모델을 각자의 시장에 도입한 스타트업들이고, 작은 시장을 파고들어 자리를 잡은 오프라인 기반의 더부스와 오가다 등도 소개하고 있다. 업종, 비즈니스 모델의 형태, 온오프라인의 사업 기반 형태 등 다양한 기업들의 이야기가 풍성하게 담겨 있다.

그리고 선정한 10곳의 스타트업 대표들과 그 직원들을 만나 인터뷰를 하고 성공 요인을 분석하는 과정에서 몇 가지 공통점을 도출할 수 있었다. '모든 존재하는 것에는 다 이유가 있다'는 독일 철학자 라이프니츠의 말을 빌려 표현하자면 '모든 성공한 스타트업은 그렇게 된 이유가 있다'라고 정리할 수 있겠다. 성공한 스타트업들의 공통점은 크게 네 가지로 분류할 수 있었다.

이것은 갈비인가 통닭인가

'하늘 아래 새로운 것은 없다.'

창조는 어렵다. 세상에 없었던 것을 내놓기는 쉽지 않다. 쏟아져 나오는 음악, 글 등의 콘텐츠도 이전에 존재했던 콘텐츠에 영향을 받은 경우가 대부분이다. 이전의 것을 그대로 따라하면 표절이 되고, 이를 조금 꼬아 창의적으로 발전시키면 새로운 작품이 된다. 영화 〈극한직업〉에서 극중 주인공들이 갈비와 통닭을 합쳐 대박 사업 아이템을 만든 것도 같은 맥락이다.

우리가 분석한 성공한 스타트업들은 이전에 있던 사업 아이템을 창의적으로 발전시킨 경우가 많았다. 마켓컬리는 과포화되어 더 이상 발전할 여지가 없을 것 같던 물류 시장의 새로운 패러다임을 제시했다. 새벽 배송 서비스를 내세워 시장에 돌풍을 일으킨 것이다. 2015년, 100억 원대 규모에 불과했던 새벽 배송 시장은 3년 만에 40배 커지는 급속한 성장을 이뤘다. 마켓컬리가 포문을 연 새벽 배송 시장에 이제는 기존 유통 대기업과 오프라인 업체도 가세하고 있기 때문이다.

커피 위주의 카페 시장에 한방차를 내세워 성공적인 행보를 보이고 있는 오가다 역시 마찬가지다. 오가다는 다방에서나 팔던 쌍화차가 아닌, 젊은 세대가 선호하는 맛을 지닌 새로운 조합의 블렌딩티를 개발했다. 제철과일을 이용하거나, 미세먼지와 같은 사회적 이슈에 맞춰 시즌별 메뉴를 개발해오고 있다. 즉, 한방차를 현대적으로 재해석해 커피와 차별화된 차 시장을 노린 것이다.

·

시장이 비어 있는 이유를 파악할 것

·

창업자에게 있어 아무도 차지하지 않은 시장은 매력적일 수밖에 없다. 시장에 최초로 진입함으로써 인프라 구축 등의 우위를 먼저 확보하는 선점 우위 효과first mover advantage를 누릴 수 있기 때문이다. 특히나 창의적이고 개혁적인 성향이 큰 스타트업 창업가들은 기존에 없던 틈새시장을 파고들려는 경향이 강하다. 이미 몇몇 기업이 차지하고 있는 시장에 영세한 스타트업이 도전장을 내봤자 경쟁에서 승리하기란 쉽지 않다는 판단에서다. 물론 합리적인 판단이다.

다만 일부 창업가들은 틈새시장 찾기에만 급급한 나머지 암초에 부딪히기도 한다. 가장 빈번한 사례가 기존 기업들이 시장 규모의 확장성이 적다고 판단해 도전을 안 한 시장에 진출하는 경우다. 미국 VC 전문

조사 기관인 CB인사이트가 스타트업의 실패 이유를 설문조사했더니 '시장이 원하지 않는 제품 판매'(42%)가 1위로 꼽혔다고 발표했다.

제도의 규제나 경쟁 이익 단체의 강한 반발 때문에 도전을 포기한 시장에 무모하게 출사표를 던지는 실수를 범하기도 한다. 이 점을 낙관했다가 실패한 사례도 쉽게 찾아볼 수 있다. 우리나라에서는 심야 콜버스 서비스를 표방한 스타트업이 업종을 바꿔야 했고, 중고차 판매 서비스를 내세운 한 스타트업은 문을 닫을 위기에 놓이기도 했다.

반면, 성공한 스타트업들은 창업 전 시장 분석과 관련 규제 파악 등을 철저히 했다는 공통점이 있었다. 시장 분석의 첫 걸음은 거시환경 분석PEST: Political, Economic, Social and Technological analysis이다. 단순히 경제적 요소뿐만 아니라 정치적, 사회적, 기술적 요인도 사업에 있어 중요하기 때문에 이를 복합적으로 살펴보고 냉정하게 분석해야 한다.

특히 책에서 소개할 10곳의 스타트업은 시장 확장성이 높은 사업 아이템을 선점한 경우가 많았다. 숙박 예약, 인테리어, 자유여행, 수제맥주, 새벽 배송 등이 그러하다. 세계적인 렌털 혹은 공유 트렌드에 맞춰 그림 렌털이나 정장 대여 서비스를 내놓아 성공을 거두기도 했다. 또한 분석한 10곳의 스타트업 모두 규제나 관련 이익 단체들의 반발에서 상대적으로 자유로운 편이었다. 안정적인 성장세의 비결이다.

사회정치적 시류에 맞는 아이템으로 성공한 경우도 있다. 정장 대여 서비스를 기반으로 한 사회적 기업인 열린옷장이 그 예다. 급속히 낮아지는 취업률로 청년의 불만이 높아지고 있는 상황에서 정치인은 이들의 눈치를 볼 수밖에 없다. 각종 지자체나 정치인들은 청년 지원과 관련된 정책들을 쏟아내고 있다. 이럴 때 면접용 정장을 저렴하게 대여해주는 사업 아이템은 정말로 시기적절했다. 열린옷장이 그동안 여러 지자체와 협업하며 사업을 키울 수 있었던 것도 이 때문이다.

감성을 건드려라

인간은 사회적 동물이다. 하지만 사회가 고도화되고 인간이 개개인으로 고립화되자, 따뜻한 감성을 갈망하는 사람들은 더욱 늘어나고 있다. 이러한 감성 갈망 욕구의 사회적인 확산을 잘 포착한 기업들은 이를 사업 아이템이나 마케팅에 녹여내 활용하고 있다. 국내에서 감성 마케팅, 일명 웜 마케팅warm marketing이 활발히 나타나고 있는 것도 이 때문이다. 각종 광고에서 상품이나 기업에 대한 소개보다 "힘내라" "응원한다"는 문구가 자주 노출되는 것도 감성을 자극해 브랜드 이미지를 개선하려는 의도다.

이 책에서 분석한 10곳의 성공한 스타트업들도 사업에 감성적 요소를 담으려 노력했다는 공통점이 있었다. 대표적으로 수공예품 판매 플랫폼인 아이디어스가 있다. 사실 아이디어스가 생기기 전에도 수공예품을 판매하는 온라인 플랫폼들이 있었다. 하지만 모두 실패했다. 수공예품은 기본적으로 대량생산된 기성품과 달리 작가의 취향과 감성이 담겨 있는데, 이전의 플랫폼들은 이러한 요소를 온라인상에서 제대로 전달할 수 있는 시스템을 구축하지 못했던 탓이다. 아이디어스는 SNS 시스템을 플랫폼에 접목시켜 감성적 요소를 담아내는 데 성공했다. 이는 수공예품의 특수성과도 잘 맞물려 시너지 효과를 일으켰다. 판매자와 소비자의 유대 관계를 형성시켜, 재구매율 80%라는 성과를 이루어낸 것이다.

열린옷장 역시 사업 아이템에 감성적 요소를 담아내 성공한 케이스로 주목할 만하다. 열린옷장의 홈페이지 등에는 정장 기증자들의 옷에 얽힌 이야기와 정장을 빌려 취업에 성공한 대여자들의 사연이 가득하다. 정장을 빌린 청년들은 기증자나 앞선 대여자의 긍정적인 메시지에 힘을 얻고, 정장을 기부한 사람들은 대여자의 감사에 만족감을 얻는다. 비록 서로의 신원을 알 수는 없지만, 정장을 매개로 한 따뜻한 소통이 이뤄지고 있는 것이다. 이러한 감성의 힘은 대여자가 또 다른 기부자가 되는 선순환 구조를 낳으며 사업 확장에 결정적인 역할을 했다.

기술 투자는 생존 전략이다

진입장벽이 낮은 시장은 선두 주자와 비슷한 서비스를 내세운 카피 캣(모방 서비스) 업체들이 쉽게 진출이 가능하다. 이들이 기존 업체들을 위협하면, 결국 한정된 파이를 나누어야 한다. 이 과정에서 시장을 선점했던 업체가 몰락하는 경우도 왕왕 생긴다. 치열한 경쟁에서 승리하기 위해선 경쟁 업체와 차별화된 서비스를 제공해야 한다. 서비스의 차별화를 일으키는 것은 결국 기술 개발이다. 검색엔진 시장에서 구글이 야후를 잡은 것 역시 검색 기술 경쟁에서 승리했기 때문이다. 아무리 사업 철학과 의도가 훌륭해도 그것이 제대로 구현되지 않으면 소비자에게 전달되지 않는다.

인테리어 플랫폼인 오늘의집도 온라인 크라우드 쇼룸의 기술 개발을 토대로 차별화에 성공했다. 크라우드 쇼룸에서는 누구나 자신이 꾸민 집 내부의 사진을 올려 개개인의 인테리어 감각을 자랑할 수 있다. 동시에 다른 사람들의 인테리어 사진을 구경하다 마음에 드는 상품이 있으면 바로 구매 사이트로 연결된다. 오늘의집은 1차원적인 판매 플랫폼에서 벗어나 진화된 플랫폼의 형태를 보여주어 차별화에 성공했다.

여행 상품 플랫폼인 마이리얼트립도 마찬가지다. 여행 상품 플랫폼에는 얼핏 여행 상품을 구성하는 가이드 인력 확보가 주된 업무일 것 같지만, 마이리얼트립은 직원의 절반가량을 IT 관련 기술자로 채웠다. 투자도 IT 개발에 집중시켜왔다. 여행 업계는 진입장벽이 상대적으로 높지 않아 후발 주자들이 속출하고 있는 시장인 만큼, 마이리얼트립은 기술 투자를 승리의 요소라고 판단했다. 마이리얼트립은 그동안 축적해온 소비자들의 데이터베이스를 토대로 맞춤형 여행상품 추천 시스템을 구축해 재구매율을 높이기 위한 노력을 기울이고 있다.

"신은 디테일에 있다 God is in the details."

독일 태생의 미술사학자 아비 바르부르크가 남긴 말이다. 그림을 볼 때 단순히 감각만으로 볼 것이 아니라 문헌 자료 등을 치밀하게 살펴보고 이에 바탕을 둔 독해가 필요하다는 의미다. 이 책도 그렇다. 앞으로 펼쳐질 1장부터 10장까지, 필자들이 꼼꼼하게 선정한 10곳의 스타트업 성공 요인의 디테일이 잘 정리, 분석되어 있다. 디테일에 있는 숨어 있는 성공의 신을 찾아보길 바란다.

숙박? 놀이!
서비스를
명확하게 정의하라

BRAND 야놀자

yanolja

설립 2005년 3월 1일

직원 수
850명

누적 투자
유치 금액
1510억 원

주요 서비스 앱 누적 다운로드
3100만 건

주요 서비스 누적 가입자 수
910만 명

숙박 프랜차이즈
가맹점
210개

예약 가능 제휴점
1만 8000여 곳

[2019년 1월 기준]

모바일과 가장 먼 곳이 O2O의 블루오션

모텔 하면 생각나는 것은 무엇일까. 어두컴컴한 등불, 몸을 뉘이면 왠지 등이 간지러울 것 같은 청결이 의심되는 침대 시트, 벽지 깊은 곳에 배어 있는 듯한 담배 냄새 등. 어쩐지 19금 이미지가 연상되는 비밀스럽고 어두운 분위기 아닐까?

모바일 플랫폼을 성공적으로 론칭한 이후, 2015년 투자 유치 설명회에서 이수진 대표가 "가장 큰 경쟁자는 부정적인 대중의 인식"이라고 답할 만큼 모텔에 대한 인식은 좋지 않았다.

국내 숙박 예약 시장은 모바일 혁명이라는 메가트렌드에 가장 느리게 반응한 분야 중 하나다. 2005년 모텔 소개 및 예약 온라인 커뮤니티로 사업을 시작한 '야놀자'가 모바일 커머스 시장에서 소비자에게 받아들여진 것은 2014년으로 무려 10년 가까운 시간이 필요했다.

장애물은 이뿐만이 아니었다. 이용자들은 오늘 묵을 모텔을 미리 예약해야 할 필요성을 느끼지 못했다. 국내 숙박의 경우 일정이 변동될 가능성이 높고 예약 사이트를 통해서도 내부 청결도나 시설 등에 대한 정보를 얻기 어렵다는 인식이 있었다. 예약을 할 때 본인의 정보를 노출시키는 것도 꺼려했다.

게다가 공급자인 모텔 업주들도 미리 예약하는 고객보다 직접 찾아와서 현장 결제하는 워크인walk-in 고객을 선호했다. 그래야 예약이 없는 방을 낮에도 틈틈이 대여해 현금을 확보할 수 있기 때문이다.

그럼에도 야놀자는 업계 최초로 국내 중소형 숙박 시설을 예약하고 결제하는 시스템을 구축해 국내 여가·숙박 애플리케이션(줄여서 '앱') 최초로 1000만 다운로드를 돌파(2018년 7월 기준)했다. 모바일 체제로 변화하는 시대의 흐름을 빠르게 알아차리고, 그 영향력에서 뒤처져 있던 시장을 찾아내 모바일 체제로 합류시킨 덕분이었다.

> *"2009년부터 온라인 예약을 도입했으나 번번이 실패했어요. 2014년의 마지막 시도가 성공했던 이유는 모바일 예약을 도입했기 때문이었습니다. 모바일의 즉시성이 모텔 콘텐츠와 맞아떨어졌던 거죠."*

인터넷이 중요한 정보 습득 창구로 자리 잡은 지 오래지만 여전히 많은 사람은 오프라인에서 소비한다. 국내 전자상거래 규모는 44조 원이지만 오프라인 상거래는 320조 원으로 7배나 차이가 난다. 그렇다고 해서 하루 종일 스마트폰을 이용하는 요즘 사람들의 생활 전반을 지배하고 있는 온라인을 포기할 수 없는 일이다. 온라인과 오프라인을 연결하는 온라인-오프라인 연계 서비스O2O; Online to Offline가 해답으로 주목받는 이유다.

오프라인 매장을 모바일을 비롯한 온라인을 통해 소비자와 연결시킨다는 개념에서 출발한 O2O는 지금에 이르러 온라인과 오프라인을 넘나드는 마케팅과 유통을 총칭하는 개념으로 확장되었다. 그중에서도 야놀자는 위치기반 서비스를 이용해 내 주변 숙소를 알려주고 실시간 예약이 가능한 대표적인 O2O 서비스다.

청년 창업의 경우 기술 기반의 제조업보다 아이디어 기반의 서비스업 비중이 높다. 특히 기존에 있는 사업을 소비자와 이어주는 O2O 플랫폼은 진입장벽이 비교적 낮다. 그래서 해당 업계를 제대로 이해한다면 온라인과 연결하여 고객을 끌어모으는 아이디어만으로도 충분히 창업이 가능하다. 대신 이미 시장이 형성되어 있는 곳은 경쟁이 심하고, 아직 O2O 시스템이 활발하지 않은 분야에서는 새로운 시장을 개척한다는 것 자체에서 오는 리스크가 클 수밖에 없다.

야놀자의 성공 역시 단순히 새로운 기술과 시스템을 도입하는 것으로는 불가능했다. 세상에 없는 것을 창조하는 것보다 어려운 것은 이미 뿌리박힌 기성 체제를 바꾸는 일이다. 대부분 소비자는 자신의 경험을 바탕으로 판단하거나 행동하는 경향이 있다. 그들에게 경험하지 않았던 새로운 선택을 유도하기 위해서는 새로운 선택을 했을 때 얻을 수 있는 이득을 명확히 인지시켜야 한다. 야놀자 역시 O2O의 도입이 소비자나 업주 모두에게 이득임을 설득하는 작업을 선행해야 했다. 특히 모텔에 대한 부정적인 인식은, 시장을 성장시키고 적극적인 마케팅을

"인식이 안 좋은 사업을 좋게 바꿔주는
여건을 만드는 기업이 되는 게 하나의 목표였어요.
뭘 하더라도 인식 자체가 나쁘니, 저희에게는 경쟁자나 다름없었죠."

"인식의 변화는 덩치가 커서 움직이기가 어렵지, 한 번 움직이기 시작하면
그동안 억눌려 있던 무게만큼 빠르게 변화시킬 수 있어요.
저희의 성장 속도가 빠른 이유이기도 합니다."

_이수진 야놀자 대표

펼치는 데 걸림돌이 됐다. 숙박 문화를 긍정적으로 바꾸기 위한 노력이
필요했다.

·

오픈 노하우로 시장을 선점하다

·

야놀자의 전신은 다음 카페 모텔투어다. 모텔에 대해 이용자들이 후
기를 남기고 모텔은 홍보 활동을 하는 다음 카페였다. 2005년 500만 원
으로 모텔투어를 인수한 이수진 대표는 반년 만에 회원을 30만 명으로
늘렸다. 모텔 고객들의 생생한 댓글과 공격적으로 뿌린 무료 숙박권 덕
분이었다.

당시 카페 모텔투어의 주수입은 모텔들의 광고였다. 모텔을 직접 이
용한 후기와 사진 등을 지속적으로 사이트에 노출하고 카페 회원들에
게 할인 쿠폰을 나눠줌으로써 광고비를 지불한 모텔로 고객을 몰아주
었다. 광고 효과를 본 업주들이 주변 업주에게 사이트를 소개해주면서
광고주는 점점 늘어났다.

카페를 운영하면서 모텔에 대해 이야기하는 것을 금기시하면서도
꽤 많은 사람이 모텔을 이용하고 있다는 것, 더 깨끗하고 좋은 모텔을

이용하고 싶은 소비자의 니즈가 있다는 것을 확실히 깨달았다. 하지만 여전히 대중은 이 산업을 터부시했다. 당연히 모텔 산업은 뒤처질 수밖에 없었다.

시장에 대한 인식을 개선하고 확장시키기 위해서는 먼저 모텔 이용자를 제대로 파악할 필요가 있었다. 실제로 모텔 이용자는 연인에 한정되어 있지 않다. 직장인이나 사업가가 지방에 출장을 갈 때도 모텔을 이용하는 경우가 많다. 출장비가 충분치 않은 상황에서 값싸고 적당한 숙소가 바로 모텔이기 때문이다.

그럼에도 당시의 모텔 사업은 연인만을 위한 서비스에 치중되어 있었다. 이는 시장을 좁히고 소비자의 폭 넓은 니즈를 무시하는 것과 다름없었다. 시장을 확장시키기 위해서는 모텔이 가족이나 친구끼리 국내 여행을 갈 때 거리낌 없이 이용할 수 있는 대중 숙박시설로 자리매김해야 한다고 판단했다. 모텔의 주 이용층을 '숙박의 가성비를 따지는 모든 소비자'로 확장시킨 것이다.

또한 오래된 편견과 싸우기 위해, 야놀자는 정면 돌파를 선택했다. 그러려면 '모텔=러브호텔'이라는 기존의 이미지를 바꿔야 했다. 모텔을 사람들이 예약을 해서 머물고 싶은 공간으로 만드는 것이 첫 번째 목표였다.

이를 위해 야놀자는 3무無 원칙을 도입했다. 객실 내 성인용품, 성인 방송 채널, 주차장 가림막을 없애는 것이었다. 모텔의 합리적 가격을 유지하면서도 호텔 수준의 서비스와 시설을 갖추도록 독려했다.

그리고 청결하면서도 콘셉트에 맞게 잘 꾸며진 모텔을 홍보하고 솔직한 이용 후기를 공유했다. 동시에 가맹점주들에게 모텔 청결, 리모델링에 대해 교육하며 저렴한 가격으로 모텔 물품을 제공했다. 자연스레 깔끔하고 트렌디한 모텔에 대한 수요가 높아졌고, 그런 고객들의 리뷰는 야놀자의 경험으로 축적돼 선순환 효과로 이어졌다.

"온라인과 오프라인은 상호 보완 작용을 해요. 고객들이 필요한 니즈를 온라인상에 표출하는데, 오프라인에 혁신이 없으면 고객이 필요한 니즈를 충족시켜 줄 수 없거든요."

물론 초반만 해도 제휴를 맺은 업주들을 설득하기 쉽지 않았다. 고객이 오면 얼굴도 보지 않은 채 "쉬었다 갈 거예요? 숙박이에요?"라고 묻고, 체크아웃할 때도 고객과 얼굴을 마주하기는커녕 엘리베이터에 슬며시 키를 놓고 나가도록 하는 등 침묵이 금이었던 업계 문화를 바꾸는 것은 지난한 일이었다. 예상한 대로 업주들은 '왜 모바일로 예약을 받아야 하는가'에 대한 근본적인 질문을 쏟아부으며 예약 시스템을 거부했다.

야놀자는 시장의 변화를 설명하며 설득했다. 외래관광객 수가 1500만 명에 달하고, 이들 중 80% 이상이 자유여행으로 한국을 찾는다. 외국인

관광객이 많아지면서 국내 숙박 시장 규모 자체가 커졌다. 그들이 묵을 시설은 부족하지만 호텔을 마구잡이로 지을 수도 없다. 공유경제에 대한 규제 때문에 도심 민박 사업 확대에도 제동이 걸렸다. 이 와중에 도시 곳곳에 위치해 있으면서도 저렴한 한국형 숙박시설인 모텔이 모바일 예약 시스템을 도입하면 외국인 관광객의 수요까지 확대할 수 있다는 전망을 제시했다.

또한 기존의 워크인 결제 시스템은 소비자와 업주 사이에 예약 정보가 공유되지 않기 때문에 빈방이 없으면 소비자가 허탕을 치거나 업주가 공실을 부담하는 경우가 많았다. 하지만 예약 시스템으로 전환하면 이런 문제를 해결해 수익을 극대화할 수 있다.

예약 가능한 깔끔한 모텔이라는 메리트를 내세워 단가를 높일 수 있다는 것도 주요한 설득 포인트였다. '대실 2만 원, 숙박 4만 원'이라는 모텔 시장 단가는 2000년대 이후 10년 이상 유지되고 있었다. 하지만 모텔 예약을 시작하면서 10% 이상 단가를 높이면 수익률도 더 높아질 거라고 설득했다.

이 과정에서 야놀자는 단순히 예약 시스템 도입과 플랫폼 입점을 권하는 기존의 영업 방식에서 나아가, 모텔의 수익을 극대화하기 위한 매출 증대 혹은 비용 절감 방안을 컨설팅해주는 방향으로 변화시켰다. 그로 인해 야놀자는 단순한 예약 플랫폼이 아닌 비즈니스 파트너로서의 포지션을 얻을 수 있었다.

노하우 공유의 일환으로 야놀자 본사에는 쇼룸이 마련되어 있다.

그 일환으로 '야놀자 아카데미'라는 제휴점 대상의 정기 교육 프로그램을 신설했다. 여기서 프론트 근무자들은 어떻게 손님을 응대해야 하는지, 서비스 관리는 어떻게 업그레이드해야 하는지, 물리적으로 보이는 객실과 건물은 어떻게 리모델링할 것인지 등에 대한 맞춤 솔루션을 제공했다. 이를 통해 서비스의 질을 향상시킴으로써 제휴점의 매출을 높일 수 있다는 믿음을 주었다.

모텔을 변화시키는 것은 좋지만, 리모델링은 업주들에게 큰 부담이다. 수천만 원에서 수십억 원의 큰 비용이 들 뿐 아니라 공사 기간 동안의 손해도 고스란히 떠안아야 하기 때문이다. 특히 모텔과 같은 영세한 숙박 사업은 단골 장사인데, 공사 기간 동안 고객이 다른 모텔을 이용하다가 리모델링 후에 재방문하지 않으면 안 하느니만 못한 결과가 될 수 있다.

다행히 이런 불안감은 먼저 도전한 점포들의 성공 사례가 있기에 불식시킬 수 있었다. 실제로 리모델링을 먼저 시행했던 숙박업소들의 수익이 50% 이상 증가했기에, 나머지 업주들도 앞다투어 리모델링을 시도했다. 큰 자본이 필요한 과정인 만큼, 성공 사례를 보여주는 것이 가장 확실한 방법이었던 것이다.

야놀자는 모텔의 인테어리를 비롯한 이미지를 바꾸고 싶어도 그 방법을 모르는 업주들을 위해 쇼룸을 제작하기도 했다. 야놀자의 쇼룸은 본사 7층에 위치해 누구나 머물고 싶은 방으로 꾸며놓았다. 물론 보이는 것에만 치중하진 않았다. 사물인터넷IoT 기술을 이용한 신규 서비스도 구현해 체험할 수 있도록 했다.

그중 하나가 중소 업주를 위해 개발한 스마트 프런트라는 숙박 운영 플랫폼이다. 객실 예약부터 체크아웃까지의 전 과정을 시스템화하고, 객실과 비품 관리까지 관리할 수 있는 IoT 솔루션이다. 스마트 프런트는 한국인터넷전문가협회KIPFA에서 주관하는 'IoT 이노베이션어워드 2017'에서 스타트업계에서 처음으로 대상을 수상하기도 했다.

이처럼 야놀자가 노하우를 공유하고 모텔 시장을 키우기 위해 다양한 노력을 하는 이유는 이것이 실질적인 수익성을 높이는 방법임을 알고 있기 때문이다. 심지어 야놀자 아카데미에는 경쟁사 직원이나 타 숙박 앱의 제휴 업주들도 교육을 받으러 온다. 이는 야놀자의 사업 방향성이 숙박 시장의 기준이 될 수 있다는 의미와 같다. 이로 인해 질적으로 성숙한 서비스는 더 많은 고객을 끌어들여 시장을 성장시키는 밑거름이 되는 것이다.

"노하우를 공개하면 여러 사람의 아이디어가 합쳐져 새로운 걸 개발할 수 있고, 노하우를 공개해야 시장이 확대되고 성숙해져서 실질적인 생산성이 유발된다고 생각해요. 한 사람이 힘차게 목소리를 내는 것보다 여러 사람이 목소리를 내는 게 시장은 더 빠르게 확장되고 성장할 수 있는 구조가 만들지니까요. 다만 그 안에서 선두는 뺏기지 말아야죠."

Check-in

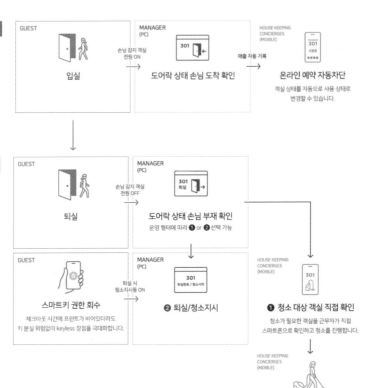

GUEST

입실

손님 감지 객실 전원 ON

MANAGER (PC)

301

도어락 상태 손님 도착 확인

매출 자동 기록

HOUSE KEEPING CONCIERGES (MOBILE)

301 사용중

온라인 예약 자동차단

객실 상태를 자동으로 사용 상태로 변경할 수 있습니다.

Check-out

GUEST

퇴실

손님 감지 객실 전원 OFF

MANAGER (PC)

301 퇴실

도어락 상태 손님 부재 확인

운영 형태에 따라 ❶ or ❷ 선택 가능

GUEST

스마트키 권한 회수

체크아웃 시간에 프런트가 비어있더라도 키 분실 위험없이 keyless 장점을 극대화합니다.

퇴실 시 청소지시등 ON

MANAGER (PC)

301 퇴실완료 / 청소시작

❷ 퇴실/청소지시

HOUSE KEEPING CONCIERGES (MOBILE)

301

❶ 청소 대상 객실 직접 확인

청소가 필요한 객실을 근무자가 직접 스마트폰으로 확인하고 청소를 진행합니다.

HOUSE KEEPING CONCIERGES (MOBILE)

청소키 감지

청소 및 객실 준비 완료

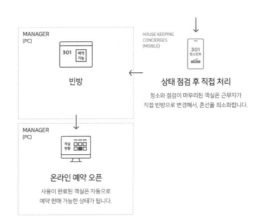

IoT를 이용한 스마트 프런트의 입퇴실 관리 프로세스. 야놀자가 모텔 운영 프로그램을 개발한 이유는 사업의 기준이 됨으로써 시장 장악력을 높이기 위함이다.

MANAGER (PC)

301 예약 가능

빈방

HOUSE KEEPING CONCIERGES (MOBILE)

301 청소완료

상태 점검 후 직접 처리

청소와 점검이 마무리된 객실은 근무자가 직접 빈방으로 변경해서, 혼선을 최소화합니다.

MANAGER (PC)

온라인 예약 오픈

사용이 완료된 객실은 자동으로 예약 판매 가능한 상태가 됩니다.

많은 기업이 노하우를 공개하면 안 된다고 생각하는 이유는, 그것이 수익의 기반이 되기 때문일 것이다. 또한 오픈 노하우로 시장이 커지면 당연히 경쟁사가 생겨날 수밖에 없다. 그리고 경쟁사는 선두 기업이 고민해서 이뤄놓은 서비스와 마케팅들을 카피해서 빠르게 쫓아온다. 선두 기업은 빨리 달아나야 하는 만큼 '어떻게 혁신하지'라는 고민에 다시 빠져든다. 생존을 위해 혁신을 해야만 하는 것이다.

숙박 앱 시장의 경쟁이 치열해지고 있는 만큼 야놀자의 성장이 제한되는 건 아닌지 우려하는 목소리도 있다. 이에 대해 야놀자는 경쟁이 없었다면 지금까지 지속적인 혁신을 이루며 성장할 수 있었을까 되묻는다. 이렇게까지 서비스의 정체성과 본질을 깊이 고민하지도 않았을 거라고 답한다.

야놀자는 스스로의 강점을 '본질을 아는 것'이라고 이야기한다. 이는 고객이 원하는 서비스의 본질을 이해하고 있다는 것을 넘어, 이 시장의 본질에 바로 야놀자가 있다는 자신감을 드러낸 것이다. 야놀자는 이제 숙박 문화를 변화시키는 데서 나아가 '놀이 문화'를 새롭게 만드는 일상 플랫폼으로 거듭나는 것을 목표로 하고 있다.

브랜딩에 무게를 덜어내자

야놀자라는 이름을 만들었을 때 일부에서는 '너무 가볍다' '야한 느낌이 든다'는 지적이 나왔다. 하지만 야놀자의 이수진 대표는 브랜드 네이밍은 무조건 익숙하고 친근한 것이어야 한다는 입장을 고집했다.

> "어렸을 때 '철수야 놀자' '영희야 놀자' 하고 부르면서 친구들이랑 놀았잖아요. 야놀자라는 이름만으로 친구나 연인과 함께 논다는 것에서 오는 설렘과 행복을 느낄 수 있겠다 싶었어요."

브랜드의 네이밍은 서비스의 방향성을 보여주기도 한다. 야놀자가 숙박 예약 서비스로 시작을 한 만큼 '여행'의 카테고리로 분류하는 경우가 많다. 하지만 야놀자는 단호하게 자신들의 서비스는 특수한 여행에 한정해서 쓸 수 있는 플랫폼이 아니라고 강조했다. 일상에서 놀고 싶을 때 꺼내보고 이런 놀이도 있네, 저런 놀이도 있네, 하며 여러 가지 노는 방법을 알려주는 플랫폼이 되고 싶다는 것이다.

야놀자는 여행과 놀이는 다르다고 분명하게 이야기한다. 그리고 그것을 알려준 것은 바로 고객이었다고 한다. 여행은 오랜 시간 준비한

후에 많은 비용을 들여서 비행기를 타고 해외로 떠나는 것이다. 시간과 노력이 많이 드는 만큼 여행 플랫폼은 특별한 경험, 오래도록 기억에 남는 추억을 만들어주는 것이 본질이다.

그렇다면 야놀자 서비스의 본질인 '놀이'는 무엇일까. 우리는 가까운 교외부터 제주도를 갈 때조차 '놀러 간다'고 한다. 이는 여행과는 다른 감성이다. 놀이에는 즉흥성이 있다. 지치고 힘들 때, 심심할 때, 기분전환이 필요할 때 가까운 곳에 놀러 가는 것이다. 그리고 돌아오면 '아 잘 놀았다. 내일부터 다시 열심히 해야지'라고 생각한다. 이게 바로 한국의 '놀이 문화'다.

그래서 온라인 예약이 일반화된 상황에서도 모텔의 사전 예약률은 10%에 미치지 못했다. 야놀자는 이러한 사회적 인식의 한계를 인정하고, 놀이 문화를 선도하는 기업이 되겠다는 목표를 삼은 것이다.

야놀자의 주 이용객은 20대. 대부분 대학생이나 취업 준비생, 사회 초년생 등 금전적 여유가 많지 않은 세대다. 그들은 해야 할 일은 많고 빡빡한 일상을 보낸다. 그런 이들에게 멀리, 오래, 비싼 여행을 가는 건 힘든 일일 수밖에 없다. 하지만 스트레스를 풀러 잠깐 놀러 갔다 오는 건 누구나 할 수 있지 않은가. 이때 부족한 비용은 야놀자가 쿠폰도 주고 할인도 해서 부담을 덜어주자. 그래서 야놀자의 서비스 키워드는 '가성비'다. 사람들이 자유롭게 적은 비용으로 돌아다니면서 놀 수 있게 돕는 것이다.

야놀자는 젊은 세대의 소비자들을 모으기 위해 놀-잇템을
시즌별로 만들어 한정 판매하기도 했다.

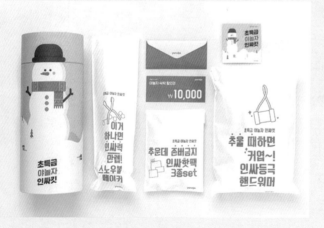

야놀자의 마케팅은 이런 일련의 생각이 도출해낸 결과물이다. '잠깐 여행 좀 다녀올게요'라는 광고 카피나 '3번 예약한 고객에게 3만원 무한 지급' 이벤트 등 휴식을 권하는 마케팅을 지속해왔던 이유다.

이런 패턴이 2018년부터는 달라졌다. 20대에서 30~40대로 고객층을 확장하기 위해서였다. 52시간 근무 제도가 정착됨에 따라 뭘 하고 놀지를 모르는 중장년층이 많아졌다는 것은 야놀자에게 큰 기회였다.

먼저 그들에게 야놀자를 알려야 했다. 아이돌 그룹 EXID의 하니가 출연한 '초특가 야놀자' 광고가 탄생한 배경이다. 광고에는 야놀자가 무엇인지 제대로 된 설명이 나오지 않는다. 치어리더 복장을 입고 나온 하니가 '초특가 야놀자'를 반복해서 부르며 춤을 출 뿐이다. 야놀자의 전략은 야놀자를 모르는 사람들이 알고 싶게 만드는 것이었다. '자꾸 야놀자라고 하는 데 그게 뭐지?' '뭐가 자꾸 초특가라는 거야?' 하는 물음표를 주는 것. 결과는 성공적이었다.

이 CM은 전 세대에 걸쳐 화제가 됐다. 반복적인 리듬과 가사 탓에 우는 아이도 CM만 틀어주면 그친다는 인증 글이 속출했다. 수많은 패러디가 만들어지는 등 폭발적인 반응을 얻은 건 둘째 치고, 가장 큰 소득은 어린아이부터 40대 이상까지 '야놀자'라는 브랜드를 인식했다는 것이었다.

다음은 야놀자가 뭔지를 알려주는 것이다. '야놀자는 놀러 갈 때 꼭 필요한 플랫폼이야' 하고 말이다. 하지만 아직 30~40대는 야놀자를 사용했던 경험 폭이 적은 만큼 단순히 서비스를 설명하는 것만으로는 이해시키기가 어렵다. 그래서 그 경험 폭을 넓혀가기 위해 마케팅과 기술 개발R&D의 투자가 필요한 것이다. 모텔 예약에서 호텔, 게스트하우스, 펜션 등으로 서비스 대상을 넓혀가는 작업도 여기에 속한다.

이와 관련해 호응을 얻은 마케팅이 바로 '#놀아보고서'다. 배우 조정석이 직접 국내 곳곳을 돌아다니며 만든 영상을 유튜브에 공개하며 '#놀아보고서'라는 해시태그를 함께 게시했다. 그러자 이를 본 많은 이용자들이 자신의 인스타그램에 #놀아보고서 해시태그를 달아 여행 사진을 올리기 시작했다. 당시 #놀아보고서 해시태그를 달고 올라온 글이 순식간에 5000개를 돌파하기도 했다. 집단지성을 통해 가장 핫한 여행 가이드가 만들어진 것이다.

이외에도 야놀자는 앱 안의 '캐스트' 섹션이나 야놀자의 페이스북, 인스타그램 계정을 통해 일에 지친 사람들에게 평일 저녁에 즐길 수 있는 액티비티나 주말에 즐길 수 있는 국내 여행 코스 등을 다양하게 소개해주고 있다. 지금 어느 지역에 어떤 축제가 열리고, 어디에 가면 뭐가 재밌고, 어디에 가면 예쁜 카페가 있다는 등의 정보를 알려주고 놀 수 있는 방법을 제공하는 것이다. 이를 위해 여행 작가들 수십 명을 고용하며 여행코스들을 소개하는 기사를 제공하거나 데이트 웹진을 발행하기도 했다.

비행기를 타고 떠나는 거창한 여행이 아닌, 즉흥적으로 어디로든 놀러 가고 싶을 때 가장 먼저 떠올리는 브랜드가 '야놀자'가 되기 위해서

야놀자는 타깃 소비자층을 넓히는
한편, 모텔을 비롯해 호텔, 펜션, 게
스트하우스, 액티비티 등 다양한 놀
이와 숙소를 제공하는 종합 놀이 플
랫폼으로 진화하고 있다.

연차 소진하러
잠깐
여행 좀
다녀올게요.

다. 이런 방향의 마케팅이 대중의 호응을 얻어 2018년 7~8월간 놀이와 관련된 티켓 판매량은 300억 원을 달성했다.

수익 모델의 연결고리를 만들어라

야놀자의 주 수입원은 크게 세 가지다. 야놀자 앱을 통한 객실 중개 수수료와 숙박 업체로부터의 광고비, 그리고 오프라인에서 운영하는 프랜차이즈 모텔의 로열티다.

먼저 야놀자 앱에서는 모텔을 비롯한 호텔, 펜션, 풀빌라, 게스트하우스 등의 숙박 시설을 검색해 실시간 예약을 할 수 있다. 호텔스닷컴, 익스피디아 등 다른 숙박 예약 사이트와 다른 점은 대실 예약까지 가능하다는 점이다. 모텔과 호텔의 큰 차이점 중 하나가 바로 최대 4시간 동안 룸을 이용할 수 있는 대실 서비스인데, 그 이점을 살린 것이다.

야놀자가 플랫폼으로써 얻은 강점은 모텔에 대한 현실적인 리뷰다. 단순히 모텔을 나열하는 것보다 이용자의 만족도를 높일 수 있기 때문에, 현재에는 많은 플랫폼이 필수적으로 도입하는 기능이기도 하다. 이용자는 친절도, 청결도, 편의성, 비품만족도를 5점 만점으로 평가하고,

사진과 후기를 남길 수 있다. 욕실 샤워기가 너무 높게 달려 있어 사방에 물이 튄다거나, 침대 밑에 꽁초가 3개 있었다는 등 가보지 않으면 알수 없는 생생한 평가가 가득하다.

야놀자는 리뷰를 서비스 개선의 기준으로 사용하기도 한다. 고객의 불만 사항을 분석해 개선할 사항을 확인하고 즉각적으로 대응하는 것이다. 예약 시스템의 오류나 부족한 정보 등 앱 이용이나 서비스의 문제는 당연히 야놀자에서 빠르게 대응하고, 업주에 대한 불만 사항이 올라오면 해당 숙소의 사업주에게 알려 개선하도록 조치한다. 개선된 후에는 사업주가 직접 해당 글에 답글을 달아 사과하거나 야놀자 시스템을 통해 고객에게 알려주는 피드백도 소홀히 하지 않는다. 고객이 빠져나가는 지점을 명확히 진단하고 다시 서비스를 이용하고 싶어지도록 빠른 피드백과 개선된 모습을 보여주는 것이다.

"저희는 고객과 서비스의 본질을 파악하는 데 집중해요. 왜 이 사용 문제로 튕겨나가지? 왜 고객들은 이 사용 패턴이 불편하다고 하지? 고객이 무엇을 원하고, 어떻게 해주어야 만족할까? 어떻게 해야 거짓이 아닌 진정성을 느낄까? 이런 고민에서 나오는 서비스가 차별화를 만든다고 생각합니다."

야놀자는 숙박업소에서 제공하는 광고가 큰 수입원이다. 광고비를

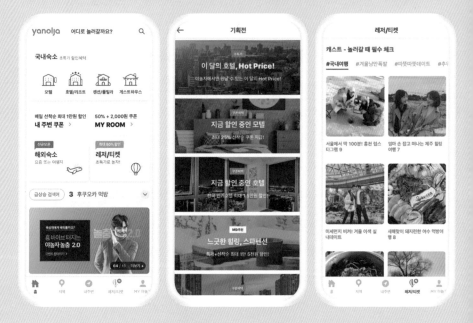

야놀자 앱은 홈 화면에서 숙소의 종류로 메뉴가 나뉘어져 있고, 주변 지역의
숙소 쿠폰, 해외숙소, 액티비티 메뉴, 초특가 이벤트 내용을 이어서 보여준다.
이외에도 기획전 섹션에서는 다양한 이벤트를, 캐스트 섹션에서는 여행지에서
즐길 수 있는 액티비티나 데이트 코스 등의 정보를 소개하고 있다.

내면 상위 노출이 가능하도록 지원해준다. 주변 숙소 추천으로 연결되는 경우 이용할 수 있는 쿠폰도 적극적으로 제공해준다.

해당 숙박시설의 근처에 있는 공원, 수목원 등의 주변 놀이 공간을 함께 보여주고, 워터파크, 놀이공원, 키즈카페 등의 입장권이나 이용권을 연계해서 판매하기도 한다. 야놀자 안에서 사용자경험을 높이면 더 많은 고객의 유입을 기대할 수 있기 때문이다.

숙박업 프랜차이즈는 야놀자의 사업 철학과 서비스 정신이 고스란히 실현된 모델을 직접 보여주자는 의도로 만들어졌다. 2011년 설립된 야놀자F&G에는 고급 비즈니스호텔을 표방하는 '에이치 에비뉴', 연인이나 출장 온 직장인을 위한 중소형 숙박 브랜드인 '호텔 야자', 저렴한 가격의 실속형 모델 '호텔 얌' 등 3개의 브랜드가 있다. 이 브랜드들을 통해 개발된 매장은 직영·가맹점을 포함해 210곳에 달한다.

점주들 중에는 직장인이 투잡으로 투자해 운영하는 경우도 많다. 야놀자F&G에 속한 브랜드들의 성공을 보며 제휴 업체가 아님에도 서비스를 흉내 내는 숙박 업소도 생겨났다.

야놀자는 직접 엄선한 제품을 프랜차이즈 가맹점들이 보다 저렴하게 구입할 수 있는 비품스토어도 만들었다. 야놀자의 자체 조사 결과 고객의 50%가 모텔 비품을 쓰지 않는다고 한다. 그 이유로는 모텔에서 제공하는 물품은 찜찜해서 사용하기 꺼려진다는 답이 돌아왔다. 그래서 야놀자는 PBPrivate Brand 상품을 만들어 고객에게 신뢰를 주고, 이를 저렴하게 제공해 프랜차이즈의 이익을 높일 수 있도록 했다. 이익이 큰 사업은 아니지만, 숙박업 시장에서의 장악력을 높이고 숙박 업소와 상생하는 브랜드 이미지를 쌓는 측면에서 가치 있다는 평가다.

해외시장 진출 전략, 투자와 제휴

야놀자는 3년간 해외 진출 전략을 짰다. 해외 진출을 위해 브랜드명도 '야놀자'에서 'YANOLJA'로 바꾸고 로고도 새롭게 디자인했다. 다만 시장을 해외로 넓히더라도 야놀자의 방향성만은 잃지 말아야 했다. 그래서 재충전Refresh, 오락Entertain, 숙박Stay, 여행Travel을 아우르는 글로벌 R.E.S.T. 플랫폼을 지향하는 것을 목표로 삼고, 이에 관한 콘텐츠를 공유하고 협업할 수 있는 해외 업체를 찾기 시작했다.

야놀자는 해외 진출을 하겠다며 무조건 해외 지사를 설립하고 지사장을 보내 깃발 꽂는 방식은 염두에 두지 않았다. 아무리 사전조사를 진행하더라도 결국 확률에 기댈 수밖에 없는 위험한 전략이라고 판단했기 때문이다. 보통 현지 지사에는 지사장을 한국 사람으로 임명한다. 본사의 철학을 잘 이해하고, 본사의 전략을 받아들이고 현지에 적용시키는 속도가 빠르기 때문이다. 하지만 나라에 따라 시장은 차이가 있을 수밖에 없다. 문화는 물론 소비자의 성향, 현지에서 산업이 발전해온 과정이 다르기 때문이다. 지사에서 그 나라를 이해하려고 노력한다고 해도 쉽지 않은 일인데, 지사장이 본사의 방식을 일방적으로 이입시키려고 하면 실패할 가능성은 더욱 커진다.

야놀자는 이제 함께 일하는 직원이 800명이 넘는 대기업이다. 무모한 도전으로 기회비용을 날릴 수 없을 만큼 커졌다. 그래서 현지에서 성공한 기존 업체와 제휴하거나 수익은 크지 않지만 비즈니스 모델이 비슷한 회사에 투자하는 방법을 선택했다. 이것이 해외에 지사를 설립해 현지에 적응하는 2~3년의 시간을 단축하고, 리스크 대비 가성비를 최대한으로 높일 수 있는 방식이라고 판단한 것이다.

첫 타자는 일본 최대 온라인 여행사OTA; Online Travel Agency인 라쿠텐 라이풀 스테이였다. 우리나라 사람들이 가장 여행을 많이 가는 나라가 일본인 만큼, 일본으로의 진출이 가장 먼저 이루어졌다. 야놀자는 라쿠텐 라이풀 스테이와 상호 숙박 상품을 독점 공유하는 전략적 업무 제휴를 맺었다. 그 결과 2017년 야놀자를 통해 일본을 여행한 이용자는 720만 명이었고, 230만 명이 라쿠텐 라이풀 스테이와 야놀자를 통해 한국에 방문했다.

이후 야놀자는 동남아시아의 실속형 호텔 체인이자 온라인 예약 플랫폼인 젠룸스ZEN Rooms에 인수 조건부로 1500만 달러를 투자했다. 바로 인수하는 것은 리스크가 크니 테스트 과정을 거치기 위한 투자였다. 동남아시아는 국내 여행객이 선호하는 여행지인 데다 동남아시아 여행객의 국내 방문 비중도 17%에 달한다. 젠룸스는 자체 개발한 플랫폼을 기반으로 객실 예약과 판매, 운영까지 통합한 비즈니스 모델을 구축한 상태였다. 야놀자는 거기에 오랜 경험을 기반으로 발전된 비즈니스 모델을 연동시켰고, 그들을 통해 현지 적응력에 대한 노하우를 서비스에 녹여낼 수 있었다. 젠룸스는 인도네시아, 말레이시아, 필리핀, 방콕, 태국 등의 다국적 창업자들이 만든 플랫폼인 만큼 고성장세인 동남아시아 시장에 대한 이해와 현지 적응력이 탁월했다. 여기에 글로벌 헤드를 뽑아 현지 기업과의 커뮤니케이션에 신중을 기하고 이 과정이 잘 이루어지면 인수를 결정할 계획이다.

●

플랫폼은 진화해야 한다

●

이수진 대표는 전형적인 흙수저다. 네 살 때 아버지는 돌아가셨고 어머니는 집을 나갔다. 형제들은 친척집으로 뿔뿔이 흩어지고 할머니 손에 자랐다. 책상 앞에 앉는 것보다 할머니 농사일을 돕는 데 더 많은 시간을 쏟았다. 초등학교 5학년이 되도록 한글을 못 뗐고 신문 배달을 야놀자의 해외 진출은 현지 기업과의 업무 제휴와 투자의 방식으로 진행되고 있다. 해외 시장을 선점한 기업들과 경쟁을 하기보다 협력을 선택해 종합 여가 플랫폼으로 성장하겠다는 전략이다.

했다. 중학교 1학년 겨울방학 때 할머니마저 돌아가셔서 작은아버지에게 맡겨졌다. 공부를 하고 싶어도 할 수가 없었다. 빨리 돈을 벌고 싶었다.

2001년 병역특례 업체에서 3년간 일하며 모은 종잣돈 4000만 원을 주식에 투자해서 1년 만에 다 날렸다. 갈 곳이 없었다. 숙식을 해결할 수 있는 일자리를 찾다가 모텔 청소 일을 시작했다. 모텔에서 4년 동안 일했다. 당시 23살이었던 이수진 대표는 24시간 꼬박 근무하고 다음 날 쉬는 격일 근무를 했다. 하루 종일 비몽사몽으로 모텔 카운터를 보고, 모텔을 청소했다. 쪽잠도 자지 못한 채 뜬 눈으로 24시간을 보내야 했던 힘든 시간이었다.

그렇게 모은 돈으로 나도 사업을 한 번 해볼까 하는 생각에, 샐러드 가게를 열었다. '젊은 사람들은 건강식을 많이 챙겨 먹으니 대박 나지 않을까' 하는 생각이 시작이었다. 하지만 6개월 만에 망했다. 샐러드에 대한 기초 지식이 없었을 뿐 아니라 샐러드 수요층에 대해서도 제대로 조사하지 않았기 때문이다. 준비 없이 사업을 시작하면서 꿈꿨던 상상은 허상에 불과했다.

그리고 가장 잘 아는 분야에 도전하겠다고 나선 게 바로 숙박업, 야놀자였다. 야놀자는 2019년 2월 싱가포르 최대 국부펀드인 싱가포르투자청GIC으로부터 2000억 원의 투자 유치에 성공했다. 이로써 야놀자의 기업 가치는 1조 1000억 원이 되었고, 기업 가치 1조 원 이상의 비상장 스타트업인 '유니콘'으로 인정받았다. 우리나라에서 7번째로 탄생한 유니콘이었다.

야놀자는 스스로가 성장을 넘어 진화해왔다고 이야기한다. 다음 카페에서 닷컴으로, 닷컴에서 모바일 정보 제공으로, 모바일 정보 제공에서 모바일 커머스로 플랫폼이 진화했다. 이 과정에서 야놀자는 중소형 숙박 업소의 예약 문화를 정착시키는 데 앞장섰다. 야놀자가 진화하는 과정에서 모텔도 변했고, 그와 함께 모텔에 대한 인식도 크게 바뀌었다.

물론 성에 대해 더욱 개방적으로 바뀐 사회 분위기도 일조했지만 이제 모텔에서 파티를 하거나 공부, 모임 등을 하는 것이 일상화됐다. 심지어 호텔이나 모텔에서 바캉스를 즐긴다는 뜻의 호캉스 또는 모캉스라는 말도 자주 쓰이고 있다. 야놀자가 숙박 문화를 바꾼 것이다.

여기에서 야놀자는 다시 한 번 시장의 영역을 진화시켰다. 숙박에서 레저, 액티비티 등 놀이의 영역으로 확장한 것이다. 이후 야놀자의 진화 로드맵은 한국에서 동남아시아로, 그리고 글로벌로 확장하는 것이다. 2020년이 되면 야놀자가 누구나 마음 편히 놀 수 있는 플랫폼으로 거듭날 거라고 이수진 대표는 자신했다.

"우리가 만들어낸 작은 행복이 퍼져서 몇 배의 행복을 만들 수 있는 거잖아요. 세상에 행복을 전파하고 그 행복이 다시 우리한테 돌아오는 구조로 만들면, 회사 환경이나 시장도 더욱 좋아지지 않을까 하는 생각과 목표를 가지고 있습니다." ya

트립어드바이저

ⓞⓞtripadvisor

스타트업 업계에서 여행은 큰 시장이다. 많은 사람의 니즈가 있고 기성 시장보다 세분화된 접근이 가능하기 때문이다. 여행 산업을 상품군으로 분류하면 항공, 숙박, 렌터카, 티켓, 여행 가이드 등으로 나눌 수 있다. 그리고 각각의 상품군에는 시장을 장악한 글로벌 스타트업이 있다.

그중에서도 경쟁이 치열한 분야는 숙박이다. 여행에서 숙박은 필수인 만큼 수요와 공급이 많고 수익률도 좋기 때문이다. 그래서 여행과 관련해 자주 언급되는 글로벌 스타트업은 에어비앤비airbnb나 호텔스컴바인hotelscombine, 호텔스닷컴hotels.com 등의 숙박 예약 서비스를 제공하는 경우가 많다. 그 외에도 스카이스캐너처럼 항공권 매매 서비스에 특화된 기업도 있다.

반면 트립어드바이저tripadvisor는 여행이라는 카테고리에 속한 모든 서비스를 모아놓은 여행의 포털사이트 격으로, 세계 최대 규모를 자랑하는 플랫폼이다. 호텔 예약뿐 아니라 관광 명소, 관광지 등을 소개하고 음식점도 소개한다. 트립어드바이저의 힘은 5억 건이 넘는 여행자들의 리뷰에서 나온다. 야놀자 역시 리뷰의 생생함을 강점으로 삼고 있지만 트립어드바이저는 거기에 규모의 방대함이 더해진 것이다. 거기다가 이용자가 책정한 별점 순위가 높은 곳부터 기업이 노출되기 때문에, 플랫폼에 미치는 이용자의 영향력이 크다고 할 수 있다.

최근 트립어드바이저가 주목하는 분야는 액티비티 시장이다. 이는 트립어드바이저가 2018년 2월에 발표한 〈여행 트렌드 보고서〉에서도 잘 드러나 있다. 여행 관련 상품 중에서도 맛집 투어, 쿠킹클래스, 크루즈, 스노클링, 카약 등의 액티비티 상품의 이용률이 크게 늘고 있음을 중요하게 다루었기 때문이다. 트립어드바이저는 이를 자유여행객이 늘어나면서 체험 상품을 찾는 수요가 급증했고, 여행이 보편화된 현재 여행자 개개인의 여행 경험이 쌓인 만큼 현지에서만 경험할 수 있는 독특한 체험을 즐기길 원하는 여행객의 수도 많아졌기 때문이라고 진단했다.

소비 패턴을 바꾸려면 혁신적으로 좋아야 한다

새벽 배송으로 신선식품 이커머스의 기준을 세우다

BRAND 마켓컬리

설립 2014년 12월 31일

직원 수
약 200명

회원 수
100만 명

취급 품목 개수
5500여 개

일 평균 주문량
1만~2만 건

(2018년 5월 기준)

배송 전쟁의 서막을 열다

전통적인 유통망이 고전을 면치 못하고 있다. 국내 최대 유통 기업인 이마트는 2018년 4893억 원의 영업이익을 기록했는데 이는 전년 대비 23.36%나 급감한 금액이다. 이마트 부진의 이유로 인건비 상승과 판매 관리비 등 고정 부담이 커진 점을 지적하지만, 근원적인 문제는 따로 있다. 이마트의 주 수입원인 오프라인 할인점 매출이 하락세를 면치 못했기 때문이다. 여기에는 쿠팡, 티몬 등 온라인 마켓의 성장이 큰 원인이 됐다. 게다가 이제까지 오프라인 시장의 벽을 넘지 못했던 신선식품(농축수산물)까지 온라인 쇼핑에서의 가파른 증가세도 이유 중 하나다.

닐슨코리아가 발간한 〈2018년 국내 신선식품 시장 트렌드 보고서〉에 따르면 국내 신선식품 연간 구매액은 22조 7000억 원(2018년 3월 기준)으로 전년 동기 10.2% 성장했다. 그중에서도 온라인 거래액은 2조 1371억 원(2017년 기준)으로, 약 10%가 시장에 가서 직접 만져보고 비교해서 구입하는 게 아니라 인터넷 혹은 모바일에서 구매한다. 또한 신선식품의 온라인 거래를 이끌고 있는 것은 30~40대의 젊은 주부들이었다.

국내 유통 시장에서 식품은 소매 시장의 약 30%를 차지하는 주요 품목이지만, 온라인 거래 비율은 아직 타 품목 평균 대비 3분의 1 정도에

신선식품의 온라인 시장은 얼마나 커졌을까?

신선식품 연간 구매액 22조 7000억 원

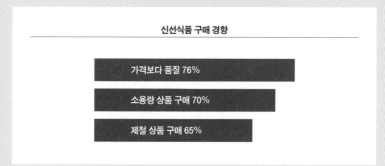

신선식품 구매 경향

가격보다 품질 76%

소용량 상품 구매 70%

제철 상품 구매 65%

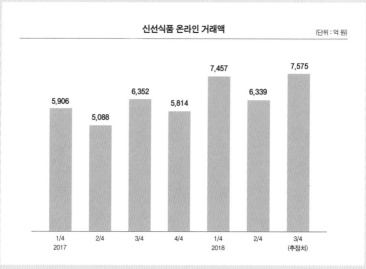

신선식품 온라인 거래액

(단위 : 억 원)

5,906
5,088
6,352
5,814
7,457
6,339
7,575

1/4
2017
2/4
3/4
4/4
1/4
2018
2/4
3/4
(추정치)

(자료 : 닐슨코리아, 통계청)

그친다. 그만큼 성장 잠재력이 크다. 당연히 이마트 등 대형 유통 기업들도 온라인 거래로의 전환을 시도해왔다. 하지만 지금까지 뚜렷한 성과를 내지 못했다. 반값 할인 등의 경쟁이 치열하다 보니 실제 수익을 내는 건 G마켓과 옥션을 운영하는 이베이코리아 정도였다.

가장 큰 이유는 바로 배송이었다. 일반 제품은 온라인 시장 가격이 훨씬 낮기 때문에 오프라인 매장에서 실물을 보고 온라인으로 구매하는 패턴이 자리 잡기 쉬웠다. 하지만 식품의 경우는 신선도가 중요하고, 당장 오늘 저녁에 먹을 것이기 때문에 온라인으로 사는 것보다 오프라인에서 바로 구매하는 경향이 컸다. 또한 수량을 자유롭게 선택하기 힘들고, 배송비에 대한 부담도 무시할 수 없다. 특히 신선도의 경우 직접 눈으로 확인하지 못하는 이상 마켓에 대한 신뢰도가 선택에 큰 영향을 끼칠 수밖에 없는데, 이 불편함들을 감수하면서도 믿고 살 수 있을 만큼의 상품을 제시한 업체가 나오지 않았던 것이다.

이런 상황에서 등장한 것이 바로 마켓컬리다. 마켓컬리는 먹을거리에 민감하지만 신선한 식재료를 먹기 위해 매일 장볼 시간은 부족한, 그래서 깐깐한 입맛에 꼭 맞는 제품을 찾기 힘들었던 소비자를 만족시키며 큰 호응을 얻었다.

마켓컬리는 현재 온라인 식료품 구매 시장에서 단연 돋보이는 성장세를 보이고 있다. 누적 가입자 수가 100만 명이 넘었고 하루 1만~2만 건의 주문을 처리한다. 매출액은 대형 유통 채널에 비해 미비한 수준이 마켓컬리는 깐깐한 기준을 통과한 식품을 오늘 수확해 신선한 상태로 내일 새벽에 고객의 집으로 배송해준다는 서비스를 내세워 신선식품 온라인 시장을 장악했다.

컬리가 특별한 **3가지 이유**

밤 11시 전 주문해도
아침 7시면 문 앞에!

내일 아침 필요한 식재료와
생활 필수품 장보기도
잠들기 전 모바일로 간편하게
끝낼 수 있습니다.

*수도권 지역에 한함 (일부 지역 제외)

도착할 때까지 신선하게
냉동 / 냉장 / 상온으로 분리 배송!

산지에서 수확한 상품을
최적의 보관온도에 따라 분리하여 포장하고
다음날 아침 냉장차량으로
안전하게 배송합니다.

70가지 깐깐한 기준으로
직접 체험하고 검증한 상품만!

맛은 물론 성분과 원산지,
유해물질 여부 등을 따져보고
우리가 쓰지 않을 상품은
고객님께 절대 소개하지 않습니다.

지만 온라인 식료품 구매 시장의 기준을 만들고 새로운 트렌드를 이끌고 있다는 사실은 누구도 부정할 수 없다.

그중 단연 돋보이는 것이 바로 새벽 배송이다. 오늘 바다에서 잡힌 전복을 다음 날 새벽 고객의 집 앞까지 배달해준다는 '샛별배송' 서비스를 도입해, 수산물, 과일, 채소 등을 인터넷에서 구매해도 신선하게 먹을 수 있음을 보여줬다. 그야말로 배송 전쟁의 서막을 열었다고 해도 과언이 아니다. 유통 시장에서 마켓컬리를 주목하는 이유다.

•

우리 기업의 히트텍은 무엇일까

•

마켓컬리가 나온 2015년만 해도 전 세계에서 식료품, 특히 신선식품을 온라인으로 구입할 수 있는 서비스는 많지 않았다. 사실 대형 유통사들의 시도가 아예 없지는 않았다. 하지만 그들로서는 기존 사업의 근간인 오프라인 매장을 잠식할 수 있는 온라인 유통에 소극적일 수밖에 없었다. 당연하게도 온라인 마켓은 오프라인 마켓의 보조 역할에 그쳤고, 소비자는 구매 습관을 바꿀 만큼 큰 메리트를 느끼지 못했으므로 신선식품의 온라인 구매 시장은 크게 성장하지 못한 상태였다.

"모든 종류의 '처음'에는 저항이 굉장히 심해요. 그래서 혁신적으로 좋아야 하는 거예요. 너무 좋아서 쓰지 않고는 견딜 수 없는 정도가 되어야 새로운 것을 받아들일 수 있어요."

반면 마켓컬리가 신선식품 온라인 시장에 발을 들이고 시장을 장악할 수 있었던 데에는, 오프라인 매장을 운영하지 않았던 것이 오히려 장점으로 작용했다. 기존 유통사가 가지고 있는 온라인 시장 진출에 대한 오프라인 매장의 견제와 제한이 없었기 때문이다. 또한 오프라인 시장에서 형성된 소비자에 대한 고정관념 역시 없었으므로 소비자가 무엇을 원하는가에 집중할 수 있었다.

선례가 없었던 만큼 마켓컬리는 특정 기업을 벤치마킹하기보다 물류, 상품 기획, 판매 방식 등 각 분야에 따라 시장을 가리지 않고 가장 잘하는 회사를 분석해 취사선택하는 방법을 택했다.

특히 마켓컬리는 패션 업계에서 상품을 보여주는 방식을 눈여겨보았다. 인터넷에서 가장 많이 판매되는 품목은 바로 의류다. 셀 수도 없이 많은 의류 쇼핑몰이 생겨나고 사라지지만, 그중 오랜 기간 동안 소비자의 선택을 받는 쇼핑몰은 그들만의 특징이 있었다. 바로 고객이 불필요한 결정장애에 빠지지 않게 쇼핑몰이 추구하는 스타일의 옷만 큐레이션해 제공한다는 점이었다. 쇼핑몰이 타깃으로 삼은 고객층에 어울릴 만한 옷을 잘 골라주니, 고객은 취향이 맞는다면 그 쇼핑몰의 선택을 신뢰하고 재구매하는 선순환이 일어나는 것이다. 이 전략은 큐레이션이 제대로 이루어진다면, 재고 리스크를 줄인다는 점에서 기업에게 이득이 크다.

또한 잘되는 쇼핑몰에는 각 품목별로 주력 상품이 있다. 예를 들어 글로벌 의류 업체 유니클로의 대표 상품 중 하나는 바로 기능성 겨울 이너웨어인 '히트텍'이다. 특별할 것 없는 심플한 디자인이지만, 발열 기능을 표방하고, 겉옷 라인을 해치지 않는 얇은 소재를 사용해 내복을 촌스럽다고 생각하는 젊은 세대까지 고객층을 넓힐 수 있었다. 히트텍은 이제 겨울이면 갖춰 놓아야 할 필수 방한용 아이템으로 자리 잡아 스테디셀러가 되었다.

유니클로 입장에서 히트텍은 고객을 유도하는 '트래픽 드라이버'이기도 하다. 히트텍을 사기 위해 유니클로의 매장을 방문한 손님은 자연스럽게 다른 제품도 구경한다. 어느 사업 분야든 마찬가지다. 자신만의 분명한 히트텍이 있어야 지속적으로 고객을 끌어들일 수 있다.

마켓컬리도 큐레이션과 히트텍 전략을 적극 벤치마킹했다. 마켓컬리는 대형 마트처럼 수많은 종류의 상품을 구비해두지 않는다. 마트는 매대가 있기 때문에 잘 팔리지 않는 상품이라도 구색을 갖춰놓는 게 중요하다. 하지만 수만 개의 상품 중에서도 고객이 많이 구입하는 상품은 한정되어 있다. 그래서 마켓컬리는 필요한 상품만 보여주는 방식을 선택했다. 특히 주 이용객인 건강한 먹을거리에 관심이 많은 30~40대,

마켓컬리는 인기 상품과 제철음식을 큐레이션해 보여줄 뿐 아니라, 국내에서 구하기 힘든 외국의 식재료를 소개해 젊은 여성 소비자들에게 큰 호응을 얻었다.

1~3인 가구가 자주 찾고, 그들이 관심을 보일 만한 제품을 선별해 선보였다.

그렇다면 식료품 업계의 히트텍은 무엇일까? 마켓컬리는 고민 끝에 우유와 계란, 빵이라는 답을 내렸다. 어느 가정이건 냉장고에 구비해두는 식료품인 만큼 수요가 많고 익숙하기에, 이 품목의 퀄리티를 인정받는다면 소비자의 유입을 일으킬 수 있을 거라고 분석했다.

더 나아가 마켓컬리는 품질을 직접 관리할 수 있는 방안으로 사업 초기부터 주력 품목의 PB 상품화를 도입했다. 사실 PB 상품은 규모가 큰 유통 업체에서나 시도할 수 있는 비즈니스다. 공급사와의 밀접한 관계, 자금력, 유통망 등이 갖춰져야 하며, 상품을 소비할 수 있는 구매력이 뒷받침되어야 하기 때문이다.

하지만 마켓컬리는 보다 좋은 상품을 저렴한 가격에 구매할 수 있는 시스템이 바로 PB라고 생각했고, 제일 처음 우유를 PB로 만들어 판매했다. 주력 상품을 PB 상품화하면 제품의 질을 직접 관리할 수 있고, 고객에게 품질을 인정받으면 이 제품이 바로 마켓컬리만의 히트텍이 될 것이기 때문이다. 결국 마켓컬리의 첫 번째 PB 상품인 우유는 성공적으로 스테디셀러로 자리 잡았으며, 우유를 생산하는 목장은 현재 제주 지역 우유 생산량의 7%를 차지할 정도로 성장했다.

우유 한 병에 지켜야 할 가치

마켓컬리가 우유 PB 상품을 론칭하기까지의 과정을 들여다보면, 그들의 상품 기획과 공급 업체 선정 기준, 기업 철학을 엿볼 수 있다. 우유 PB 상품을 론칭하기 전까지 마켓컬리에서는 우유를 팔지 않았다. 특히 우유는 아이들이 많이 먹는 식품이기 때문에 신중하게 품질을 따져야 한다고 생각했는데, 좀처럼 마켓컬리의 기준에 맞는 우유 공급 업체를 찾지 못하고 있었던 것이다.

온라인 식품 판매 업체에게 가장 어려운 일은 좋은 식품을 고르는 일이다. 마켓컬리는 큐레이션 서비스를 전면에 내세운 만큼 꼼꼼하게 고른 상품이라는 믿음을 줄 수 있어야 했다. 그러려면 상품에 대해 누구보다 잘 알아야 한다고 판단했다. 실제로 마켓컬리는 상품 기획 단계에서 사전 공부 기간이 상대적으로 길다.

마켓컬리는 먼저 '좋은 우유란 무엇인가' 하는 질문을 던졌다. 일반적으로는 시장조사를 통해 가격이나 업체의 생산 설비를 보는 것부터 시작하겠지만, 마켓컬리는 이론적인 공부부터 시작한다. 관련 도서나 논문 등을 찾아보기도 하고, 전문가의 자문도 구한다. 마켓컬리 MD들이 모여 여러 업체와 목장의 우유를 놓고 블라인드 테스팅을 진행하기도 한다. 이후 좋은 우유에 대한 내부 기준을 세운 뒤 그 기준에 가장 적합한 업체를 찾는다.

우유는 젖소가 생산해내는 것이기 때문에, 좋은 우유를 얻으려면 젖소의 생육 환경과 먹이가 관건이다. 하지만 산지가 많고 초지가 충분하지 않은 국내 지형의 특성상 젖소에게 좋은 생육 환경을 찾기란 쉽지 않다. 그렇게 전국의 목장을 돌아본 끝에 초지가 좋은 제주도 지역의 한 목장을 찾아냈다.

여기서 끝이 아니다. 원유가 아무리 좋아도 신선한 상태를 유지해 빠르게 소비자에게 전달하지 않으면 의미가 없기 때문이다. 하지만 목장이 제주도인 만큼 서울까지 운반하려면 항공 운송을 이용해야 했다. 우유 한 병을 배송하더라도 기본 항공 운송비를 감당해야 했기 때문에 판매량이 일정 수준을 넘지 않는 이상 팔면 팔수록 손실이 커졌다. 하지만 당일생산-당일배송, 전 과정 냉장운송의 원칙을 어길 수는 없었다.

"그 기업이 끝까지 지켜야 할 몇 가지 특정한 가치에 대해서는 포기하지 않고, 뚝심을 갖고, 될 때까지 한다는 마음이 정말 중요해요. 그게 바로 기업의 존재 가치니까요."

마켓컬리가 우유 한 병을 배송하더라도 그 품질을 포기하지 않았던 것은 '나도 먹고 싶은 좋은 상품만 팔겠다'는 기업 이념을 지키기 위해 마켓컬리는 품질을 지키기 위해 당일 생산된 상품의 당일 배송을 원칙으로 하며, 식품 전용 냉장·냉동 창고 구축을 통해 식품에 따라 최적의 보관 온도에 맞추어 패키징과 배송이 이루어진다.

서다. 이는 마켓컬리가 추구하는 가치에 목장에서도 동의해주었기에 가능했던 일이었다. 사실 당시 목장의 상황은 그렇게 좋지 않았다. 우유 소비는 점점 줄어들고 있었고, 이를 극복할 우유 가공품을 팔기에는 시설을 갖출 여유가 없었기에 목장을 접을 생각까지 하고 있던 터였다. 그런 와중에 마켓컬리와 맺어졌고, 지금은 우유 판매만으로도 수억 원의 매출을 올리고 있다.

생산과 유통, 서로 잘하는 것을 한다

마켓컬리는 어떻게 생소한 신선식품의 온라인 사업을 시작하면서 생산자들을 끌어들일 수 있었을까? 이는 시대적인 변화와도 잘 맞아떨어졌기에 가능한 일이었다. 생산자에게 구구절절 설득하지 않아도 유통이나 비즈니스 구조에서 변화해야 할 필요성을 인지하고 있었기 때문에 마켓컬리의 사업 계획에 비교적 쉽게 공감해주었다는 것이다.

마켓컬리가 생산자에게 제시한 조건은 두 가지였다. 하나는 반품 없이 매입한 상품은 마켓컬리가 전적으로 떠안겠다는 것이다. 생산자는 재고에 대한 부담을 지지 않는 대신, 상품 기획이나 품질에 대한 의견을 반영해주기로 했다. 마켓컬리가 리뷰를 통해 듣는 소비자의 의견을 적극적으로 생산자에게 전달해 소비자의 입맛에 맞는 상품을 생산하도록 하는 것이다.

또 하나는 산지에서 유통 업체 물류센터까지의 유통을 생산자가 맡아야 했던 공급물류라는 시스템을 없애고, 모든 유통을 마켓컬리가 맡는 것이다. 그들은 생산 전문가이지 유통 전문가가 아님에도 이제껏 관행처럼 해오던 유통 시스템으로 인해 비용 부담을 지고 있었다. 그뿐 아니라 유통에 대한 미숙함으로 인한 사고 리스크도 컸다. 그것을 온전히 마켓컬리가 담당한다면, 생산자는 유통에 대한 부담을 줄이고 생산에 전념할 수 있는 시스템이 갖춰지는 것이다.

이에 대해 생산자들은 당연히 실행되면 좋은 이상적인 이야기라는 반응이었다. 다만 이제까지는 여러 가지 제한들로 행해지지 못했을 뿐이었던 것이다. 마켓컬리는 여기서 고정관념이 없는 기업이 시장에 들어왔을 때 생기는 이점을 잘 보여줬다.

다만 생산자가 소비자에게 직접 물건을 공급하는 구조였기 때문에 소량 포장이 필요했는데, 몇몇은 이에 대해서 난색을 표하기도 했다. 이때는 생산자가 브랜드를 얻는 이점을 설명하며 설득했다. 생산자가 소량 포장을 통해 자신만의 브랜드를 구축하고 유통 과정을 최소화해 소비자와 거래를 하는 것이 장기적으로 더욱 이득이기 때문이다.

소비자의 피드백을 반영하는 것도 쉬운 일은 아니었다. 생산에 시간이 오래 걸리는 상품이 있는가 하면, 판매량이 급격히 늘어나면서 상품의 질이 떨어지는 경우도 생겼다. 또한 사람의 손이 많이 가는 작업들이기에 상품의 질이 균일하지 못한 부분이라든가, 생산자가 요구 사항을 제대로 받아들이지 못하는 경우도 많았다.

이러한 점은 마켓컬리가 소비자의 목소리를 대신 전해주는 메신저 역할을 주지시키면서, 지속적인 피드백과 품질 관리를 통해 개선되고 있다. 현재는 마켓컬리의 까다로운 품질 기준을 '컬리 스펙'이라고 칭하며, 이를 지키기 위해서 생산자들도 적극 협력하고 있다.

게다가 2018년부터는 별도의 리스크 관리RM 팀을 구성해 생산자나 제작사들이 식품안전관리인증기준HACCP 등의 식품 관리와 위생에 관한 기준을 잘 지키고 있는지 점검하는 암행어사 역할도 하고 있다. 용기는 플라스틱 대신 스테인리스로 바꾸라든지, 벌레를 막는 방충방서 관리를 어떻게 해야 하는지 등을 코칭한다. 고객 불만 사항이 특히 많은 업체들을 위주로 불시 점검을 하고 개선하도록 요청하기도 한다.

식품 업계에서 가장 걱정하는 건 식품 사고다. 2017년 살충제 계란 파동 같이 식품 관련 논란이 일면 해당 품목뿐 아니라 관계 모든 업종이 피해를 입는다. 마켓컬리가 가장 경계하는 것 역시 이런 식품 사고다. 하지만 이러한 국가적인 사고는 예방이 쉽지 않다. 오히려 사고 이후 피해를 보상하고 재발을 방지하는 대책을 세우는 것이 더욱 중요하다.

다만 개별 식품에 대한 사고는 충분히 예방할 수 있다. 마켓컬리가

RM 전담 팀을 만든 것 역시 사고 예방이 리스크 관리라고 생각하기 때문이다. 그래서 식품에 머리카락이 발견되거나 심각한 고객 불만 사항이 들어오면 그 즉시 해당 제품의 판매를 중단한다. 이후 무엇 때문에 문제가 발생했는지 정밀 분석하고, 개선 방안을 찾아서 시행되기 전까지는 판매를 재개하지 않는다.

●

우리가 먹고 싶은 것만 판다

●

마켓컬리를 설립한 김슬아 대표는 음식 알레르기가 심해서 합성색소가 들어 있는 음식을 먹으면 누구든 알아볼 정도로 심각하게 두드러기가 올라와 아무 음식이나 사 먹을 수가 없었다. 그래서 가족과 함께 먹을 수 있는, 맛있으면서도 몸에 좋은 음식으로 식탁을 차리고 싶었다. 하지만 직장인이다 보니 퇴근 후 장을 보고 건강한 식사를 차릴 시간은 절대적으로 부족했다. 이러한 일상에서의 불편함이 마켓컬리라는 창업 아이템으로 연결되었고, 이후로도 소비자를 이해하는 밑바탕이 되었다.

실제로 마켓컬리는 젊은 주부에게 큰 사랑을 받고 있다. 맞벌이 부

마켓컬리가 소수로 이루어진 가구에게 인기가 높은 이유 중
하나는 1인분에 적정한 양을 소분해서 판매하기 때문이다.

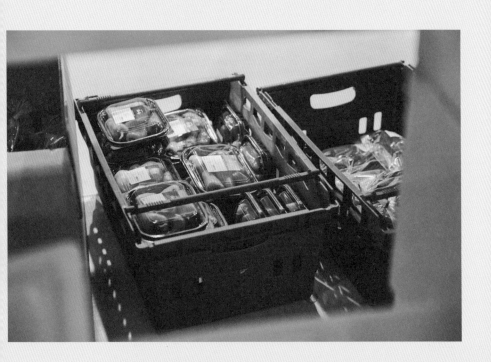

부뿐만 아니라 분유나 이유식을 만들어야 하는 엄마들도 아기를 데리고 장을 보기가 쉽지 않기 때문에 많이 사용한다.

또한 마켓컬리의 직원들 대부분이 1~2인 가구, 혹은 3인 가구의 젊은 층이라는 점에서 주 고객층과 겹친다. 자신의 일인 경우에 감정이입이 더욱 잘되는 만큼 마켓컬리의 상품이 소인으로 이루어진 가구나 젊은 층에 인기가 있는 것은 당연하다. '우리가 먹고 싶은 음식만 판다'는 선정 기준이 마켓컬리 주 고객층의 취향과 맞아떨어지는 이유다.

이는 마켓컬리의 최근 판매 상품 데이터로도 확인할 수 있다. 2018년 매출에서 간편가정식 상품 매출은 작년 대비 6배 이상 성장했다. 간편가정식이란 이미 다듬어진 식재료가 레시피에 맞게 포장돼 있어서 간단히 데우거나 끓이기만 하면 바로 먹을 수 있는 음식을 뜻한다. 전자레인지를 통해 데우기만 하면 되는 레토르트 식품과는 달리, 식재료를 확인할 수 있고 간단한 조리만으로 먹을 수 있다는 게 장점이다.

이는 집에서 직접 음식을 만들어 먹고 싶지만 마트에서 식재료를 사서 만들기에는 부담스러운 1인 가구의 고객들에게 큰 호응을 얻고 있다. 작은 용량을 사도 1인분 요리를 만들고 나면 재료가 남기 마련인데, 이것이 처치 곤란일 때가 많다. 그러니 딱 정량의 식재료와 양념이 들어가 있는 간편가정식이 인기를 얻는 것이다.

그렇다고 마켓컬리가 모든 기준을 내부에서 정하지는 않는다. 고객이 원하는 상품을 제공하기 위해 고객의 목소리에 귀 기울이는 것을 게

을리하지 않는다. 마켓컬리는 하루 동안 올라오는 1만 건 이상의 후기를 모두 읽는다. 전체 후기 중에 부정적이거나 개선을 요청하는 후기가 0.3~0.5% 차지하는데, 이를 정리해서 마켓컬리와 생산자가 개선해야 할 점을 찾는다. 특히 김슬아 대표는 부정적인 리뷰는 꼭 읽는다고 한다.

"제가 실망시키는 모든 고객이 저희의 실패예요. 그래서 저희의 실패는 매일 반복되고 있고, 위기는 매일매일 있죠."

고객의 후기는 마켓컬리에게 큰 도움이 된다. 상품에 대한 고객의 반응을 확인하는 건 물론이고, 신상품을 내놓을 때, 매출이 일정 수준 이상으로 올라가거나 떨어질 때, 주기적으로 사업의 방향이 맞는지를 확인할 때도 후기는 답을 준다. 그리고 이것이 고객의 만족도를 떨어뜨리지 않고 성장할 수 있었던 비결이라고 믿는다.

•

폐기율 1%의 비결

•

"당일 수확한 해산물이나 신선한 채소를 어떻게 다음 날 아침, 고객의

수확한 지 얼마 안 된 식재료가 신선하고 맛있는 건 당연하다. 그래서 산지에서 수요처인 도시까지 오는 과정과 시간을 줄이고 줄여서 탄생한 게 바로 샛별배송 서비스다.

이는 단순히 새벽에 차를 내보내서 배송을 하는 것을 뜻하지 않는다. 제품의 신선도를 높이면서도 재고로 인한 운용비용을 낮추기 위해서는 재고율이 0%가 되어야 한다. 그래야 매일 새로 들어온 신선한 식품을 고객에게 판매할 수 있기 때문이다. 이를 위해 마켓컬리는 수요를 미리 예측하고 예측한 수요만큼 팔아야 하고, 동시에 생산자는 예측한 수요만큼 정확히 수확을 해야 한다. 이것이 바로 마켓컬리 비즈니스 구조의 핵심이다. 여기서 새벽 배송 서비스는 전체 비즈니스 구조에서 일부분에 지나지 않는다.

마켓컬리가 중점을 두는 부분은 바로 빅데이터를 이용한 수요 예측이다. 여기서 어긋나면 엄청난 재고를 버려야 하거나, 반대로 물건이 빠르게 품절되어 판매를 못한 만큼 손해를 입는 것은 물론 고객의 불만이 쌓여 재구매율이 떨어질 수 있다. 이를 위해 마켓컬리는 자체 개발한 수요 예측 프로그램을 이용한다. 날짜나 날씨, 판매량 변화, 시장가 등의 빅데이터를 분석 반영해 오늘 판매할 상품의 양을 정하는 것이다.

수요 예측 기술이 아무리 정교하다고 해도 변수는 많다. 새로운 고객들이 많이 유입되는 경우에는 원하는 상품군이 크게 달라진다. 기존의 고객의 경우도 프로필이 계속 바뀌기 때문에 항상 같은 상품을 구매하지는 않는다. 특히 명절 직후에는 수요가 굉장히 드라마틱하게 바뀌는 경향을 보인다고 한다. 평상시에 잘 팔리던 상품들의 판매량이 뚝떨어지고, 갑자기 냉동식품이 많이 팔린다든가 하는 것처럼 잘 안 팔리던 제품의 판매량이 급상승하는 모습을 보이기도 한다.

반면, 수요 예측을 잘했더라도 신선식품의 특성상 입고량을 맞추기도 쉽지 않다. 특히 해산물은 바다에 나가보지 않는 이상 그날의 어획량을 정확히 파악하기가 힘들다. 기상이 악화돼 출항을 못 하는 등의 변수도 많다. 이럴 때는 해당 제품의 사이트 내 노출 순위를 낮추거나, 대체 생산자들을 통해 물량 확보에 나서는 등 각 팀들이 유기적으로 소통하며 문제를 해결한다.

마켓컬리가 강점으로 내세우는 부분이 바로 여기에 있다. 생산과 판매에 대한 유동적인 상황에 대해 생산자, 상품 MD, 마케팅팀, CS팀, 내부 물류팀 등이 서로 긴밀하게 커뮤니케이션하면서 빠르게 대응할 수 있는 시스템이 갖춰져 있다는 것이다. 마켓컬리는 이를 위해 각각의 팀들이 어떻게 일해야 하는지를 명확하게 정해놓고 있으며, 축적된 경험을 바탕으로 시스템을 더욱 정교하게 만들고 있다.

이에 대해 마케팅을 맡은 전혜수 매니저는 "수요를 맞추려는 메시지가 하루에도 수천 통씩 오고가다 보니 잠깐만 휴대폰을 안 보면 300개

마켓컬리에서는 대표와 담당 MD가 참석하는 상품위원회가 열린다. 원재료, 성분, 제조시설, 인증서류 등 70여 가지 기준과 MD들이 직접 먹어본 후의 냉정한 평가를 거쳐야 한다. 통과율은 10%다.

넘는 메시지가 쌓인다"면서도 "그 덕에 제품 폐기율은 매출의 1%에 불과하다"고 말했다.

마케팅 원칙, 빙산의 일각

2019년 1월부터 TV에 등장한 마켓컬리 광고는 큰 화제가 됐다. 모델로 배우 전지현이 등장했기 때문이다. 대기업의 브랜드 광고만을 할 것 같은 유명 연예인이 비교적 규모가 작은 스타트업의 광고 모델로 선다는 것 자체로 사람들의 이목을 끌었다.

마켓컬리는 마케팅을 진행하는 데 두 가지 원칙을 정했는데, 전지현을 모델로 한 TV 광고 역시 이 원칙을 따르고 있다. 이는 '빙산의 일각'과, '서비스가 구조적으로 좋아질 수 있는 방향을 좇는 것'이다.

첫 번째 원칙인 빙산의 일각이란, 마켓컬리가 실제로 가지고 있는 장점이 100이라면 그중에서 1만 보여준다는 것이다. 마케팅이 과장됐거나 거짓말을 했다는 걸 알게 되는 순간 고객은 기업에게 등을 돌린다. 마케팅이 진정성을 잃으면 마케터도 자신감을 잃고 결국 마케팅은 힘이 빠진다. 하지만 마케팅에서 보여주는 것이 실제로 고객이 경험할 수

전지현을 모델로 캐스팅한 것은 그녀가 마켓컬리의 고객이기 때문이었다. 건강한 식재료에 관심이 많은 똑똑 워킹맘, 마켓컬리의 주 고객과 딱 맞아떨어지는 모델인 것이다. 또한 그녀가 광고에서 이야기한 카피들이 실제로 그녀가 마켓컬리를 이용하는 방식이라는 점에서 좋은 호응을 얻을 수 있었다고 평가한다.

있는 것 중에 아주 일부분이라는 것을 알게 된다면, 고객은 이후 마켓컬리의 말에 무한한 신뢰를 보낼 것이다. 이것이 마켓컬리가 세운 장기적인 브랜딩 전략이다.

전지현을 광고 모델로 캐스팅한 것도 빙산의 일각 원칙의 연장선에 있다. 그녀는 자녀를 키우는 워킹맘이며, 직접 텃밭을 기를 정도로 건강한 먹거리에 관심이 많다. 그런 그녀 역시 마켓컬리를 이용하는 더퍼플 등급의 회원이다. 그래서 실제 유저가 자신이 아는 서비스에 대해서 이야기를 한다면, 그것이야말로 빙산의 일각을 보여주는 것이라고 생각했다. 광고 카피 또한 마켓컬리의 유저라면 누구나 쉽게 이용할 수 있는 서비스를 이야기했다. '예민한 식재료'는 마켓컬리의 철저한 관리하에 온라인에서 수산물을 살 수 있음을 보여준 것이고, '농장에서 하루 만에'라는 카피와 전지현이 샐러드를 먹는 장면은 마켓컬리 고객의 장바구니에 가장 많이 들어 있는 샐러드용 채소를 이야기한 것이다. 이러한 점이 잘 맞아떨어져서 좋은 광고와 그에 대한 열띤 호응이 나올 수 있었다고 믿는다.

두 번째 원칙은, 마케팅이 서비스가 구조적으로 좋아질 수 있는 방향과 맞아야 한다는 것이다. 이는 마케팅의 결과가 기존 고객에게 혜택이 돌아가야 한다는 의미다. 마켓컬리가 전지현이라는 모델을 쓴 건 마켓컬리의 볼륨을 키우기 위해서였다. 유통은 결국 규모의 경제이기 때문에 볼륨을 키워야만 할 수 있는 것들이 많다. 서비스 개선이나 냉장 물류 체인에 대한 투자를 하는 것, 더 많은 생산자를 포용하는 것 모두 규모가 커져야 할 수 있는 일들이다. 그러니 TV 광고 덕에 대중화를 얻고 많은 고객이 유입되면, 규모의 경제가 생성돼 기존의 이용자에게도 혜택이 돌아갈 수 있다고 보았다.

하지만 마켓컬리는 급속한 고객의 유입으로 서비스에 차질이 생기는 것을 경계했다. 그래서 마케팅을 하기 전에 냉장 체인에 투자하고, 공급사들에게 더 좋은 조건으로 물량을 늘릴 수 있도록 사전에 협의하는 등의 선투자를 진행했다. 회원 수가 늘었을 때 더 좋은 서비스를 할 수 있는 구조를 미리 만들어둔 것이다. 결과는 상상 이상이었다.

아는 경쟁자는 무섭지 않다

마켓컬리가 TV 광고를 통해 규모의 경제를 노리긴 했지만, 기본적인 성장 방향은 양적 확장보다 서비스의 질을 높여 충성 고객을 늘려나가는 방식에 가깝다. 이를 잘 보여주는 것이 바로 샛별배송이다.

현재 마켓컬리는 서울, 경기, 인천 지역에 한해 샛별배송 서비스를 한다. 그리고 아직까지 샛별배송 지역을 확대할 계획은 없다. 이를 무리하게 전국으로 확대하면 발생할 규모의 경제에 비해 투자비용은 너무 커질 것이고, 이로 인해 수익 구조는 무너질 것임을 알기 때문이다. 그러면 단기적으로 고객을 늘리는 방법이 될 수 있으나 장기적으로는 기존 고객들에게도 불편을 줄 수 있다.

또한 생산의 한계도 있다. 100개짜리 신발을 만드는 공장은 설비를 2배로 늘리거나 작업 시간을 2배로 늘리면 200개를 만들 수 있지만, 100개의 사과를 키우는 과수원에서 같은 품질의 사과를 빠른 시간 내에 2배로 늘리는 것은 거의 불가능하다. 품질이 비슷한 사과를 생산하는 과수원을 찾는 것 또한 쉽지 않다.

때문에 마켓컬리는 규모의 경제를 키우는 것과 서비스와 상품의 질을 유지하는 것 사이의 균형을 맞추기 위해 노력해왔다. 이것이 바로 마켓컬리가 새벽 배송 전쟁의 신호탄을 쏘아 올렸음에도 경쟁에 뛰어들지 않는 이유다.

실제로 마켓컬리의 샛별배송이 성공한 이후 쿠팡, 헬로네이처 등 온라인 커머스뿐 아니라 롯데마트, 홈플러스 등 대형 유통 채널에서도 새벽 배송 서비스를 시작했다. 이들은 전국 유통망을 무기로 전국으로 새벽 배송을 할 수 있기 때문에 수도권 지역에 한정되어 있는 마켓컬리의 성장세가 둔화될 것이라는 전망이 나오기도 했다.

하지만 김슬아 대표의 생각은 달랐다. 현재 단순히 새벽에 배송한다는 것만을 내세운 업체들은 마켓컬리의 샛별배송 서비스의 본질을

"마켓컬리의 철학은 농부와 많이 닮았다고 생각해요.
아무리 기술이 발달해도 한 해 동안 키우는 사과를 한 달 만에 키우는
기술은 없어요. 저희도 단기로는 이익이 나는 것처럼 보여도
그것이 장기적으로 지속 가능하지 않은 것은 하지 않는다는 주의예요.
지속 가능성을 확보하는 게 가장 파괴적인 혁신이라고 생각해요."

_김슬아 마켓컬리 대표

이해하지 못했다고 생각한다. 사실 새벽 배송은 이미 미국 아마존 등에서 시도했던 것인 만큼 마켓컬리만의 독자적인 서비스는 아니다. 샛별배송의 진정한 가치는, 앞에서 이야기했듯 당일 수확한 신선식품을 다음날 아침 고객의 밥상에 올려놓는 것이다. 게다가 현재 경쟁사로 일컬어지는 기업들은 이미 노출된 정보가 너무 많아, 공부하고 고민하다 보면 할 수 있는 선택들이 뻔히 보이기 때문에 걱정이 되지 않는다는 것이다.

김슬아 대표가 정말 두려워하는 건, 지금 어디에 있을지 모르는 신생 업체들이다. 실패와 학습, 또 실패를 반복하면서 이제까지와 완전히 다른 혁신적인 가치를 만들어낸다면 마켓컬리 역시 잠식될지 모른다는 공포다. 그들이 빠르게 실패하고 거기서 혁신적인 어떤 깨달음을 얻는 동안 마켓컬리는 불어난 몸집으로 인해 그 속도와 가벼움을 잃어버릴까 두려운 것이다.

하지만 마켓컬리는 크게 걱정하지 않는다. 마켓컬리가 마케팅을 통해 키워놓은 규모와 쌓아온 데이터, 좀 더 정교해진 수요 예측 기술과 유기적인 조직 문화 등은 단시간에 이루어지는 것이 아님을 알고 있기 때문이다. 규모의 이익과 운영의 노련함을 충분히 이용해, 10명의 고객이 있었을 때 했던 만큼 100만 명을 커버할 수 있을 정도의 단단한 서비스를 구축하는 것이 이후 마켓컬리의 목표이고, 숙제다.

미스프레시

중국은 바이두, 알리바바, 텐센트 등 짧은 시간 동안 IT 업계의 혁신을 이뤄냈다. 2018년 6월 기준 기업 가치 1조 원을 넘는 유니콘 기업이 162곳에 달해 세계 유니콘의 반을 배출해내는 기염을 토하고 있다. 이제는 사회적으로 벤처가 성장할 수 있는 인프라도 갖춰져 고학력 대졸자들이 스타트업에 뛰어드는 문화도 형성되었다. 인재, 돈, 데이터, 정부 지원이 함께 돌아가는 선순환 생태계가 만들어진 것이다.

2014년 11월에 설립된 중국의 미스프레시Miss Fresh, 每日优鲜는 마켓컬리와 같은 신선식품 모바일 전자상거래 업체다. 생산자의 좋은 품질의 신선식품을 소비자에게 연결시켜 주는 O2O 서비스로, 거래 품목은 과일, 야채, 육류, 계란, 유제품, 수산물, 음료, 스낵, 기름 등 9가지 상품군이다.

중국 베이징, 상하이, 광저우, 선전 등 20개 도시에서 영업하는데, 소비자에게는 주문 후 2시간 만에 신선한 식품을 배송한다는 점, 생산자에게는 고비용, 무작위 반품, 긴 지불일이라는 기존 유통 업체의 문제점을 해결하겠다는 점을 차별화 포인트로 내세웠다.

미스프레시의 성공 비결은 중국 소비자의 불안감을 해소시켰다는 점에 있다. 2012년 대형 유통 마트에서 플라스틱 생선을 판매한 것이 알려지는 등 중국은 불량 식품의 온상이라는 오명에 시달렸다. 반대로 소득 수준이 높아지면서 소비자 사이에서는 건강을 우선시하는 사회 풍토가 만들어졌다. 자연스럽게 안전한 유기농 식품에 대한 관심이 점차 높아졌다.

미스프레시는 중국 내 농산물뿐 아니라 칠레산 블루베리, 키위, 아보카도 등의 이국적인 과일들을 대량 수입해 제공하면서 더욱 관심을 받았다. 미스프레시는 점차 배송 지역을 확대하면서 현재 2시간 배송을 30분까지 단축할 계획을 세우고 있다. 2017년에는 텐센트 등으로부터 투자받아 미스프레시의 기업 가치가 10억 달러를 넘어섰다.

아이디어보다
빠른 실행력이
스타트업의 무기다

천편일률적인 투어 상품을 새롭게 콘셉팅하다

BRAND 마이리얼트립

my real trip

설립 **2012년 2월 16일**

직원 수
72명

연 거래액
**1300억
이상**

투어 및 티켓 상품 수
1만 7860개

누적 여행자 수
445만 명

누적 리뷰 수
47만 1000건

[2019년 3월 기준]

시장은 커지는데 왜 기업 가치는 하락할까

"파란 하늘 위로 훨훨 날아가겠죠. 어려서 꿈꾸었던 비행기 타고, 기다리는 동안 아무 말도 못 해요. 내 생각 말할 순 없어요."

2006년 발표된 혼성그룹 거북이의 인기곡 〈비행기〉의 가사다. 노래 가사는 당시의 시대상을 반영한다. 지금 들으면 비행기 타는 일 하나로 저렇게 유난이냐고 할 법한 노랫말이지만, 불과 10여 년 전만 해도 해외여행이 요즘처럼 공공연하게 이뤄지진 않았기에 공감을 얻어 큰 인기를 끌었다.

통계로 봐도 10년 전 해외 출국자 수는 1100만 명으로 2017년 2700만 명의 40% 수준이었다. 조금만 더 시계를 거꾸로 돌려보면, 2000년 해외 출국자 수는 500만 명 정도에 불과했다. 이후 경제 성장, 무비자 입국 가능 국가의 증가, 저비용항공사LCC의 약진 등 여러 요인이 복합적으로 작용하며 20년도 채 안 되는 기간 동안 해외 출국자가 급격하게 늘어난 것이다.

해외여행 시장 역시 이에 발맞춰 성장하고 있다. 한국관광공사와 통계청 자료를 바탕으로 한 한국투자증권의 분석에 따르면 2015~2017년 동안 해외여행 시장 규모는 연평균 18% 성장했다. 여가 활동 선호도

조사 가운데 1위가 관광이며, 2018년 해외여행 지출 의향은 43%에 달했다. KBS2 〈배틀트립〉, tvN 〈짠내투어〉, JTBC 〈뭉쳐야 뜬다〉 같은 여행 관련 예능 프로그램이 인기를 끌고 있는 것도 이러한 시장 분위기를 반영한다.

하지만 여행 산업의 성장에도 여행 패키지 상품을 주로 판매하던 기성 여행 업체들은 부진을 면치 못하고 있다. 국내 대표 여행 업체의 주가는 2018년 8월 기준 최고가의 3분의 1 수준까지 폭락했다.

투자 업체들은 기성 여행 업체의 실적 부진을 트렌드에 대한 부적응 때문이라고 지적한다. 기존 여행 패키지 상품에는 전형적인 루트가 있다. 전문 가이드의 안내에 따라 유명 관광지를 빠르게 도는 동안 여행객들은 기념사진을 찍기 바쁘다. 여행사의 협력 업체인 저렴한 단체 관광객용 식당에서 밥을 먹고, 바가지요금이 의심되는 쇼핑센터에 들러 강매 아닌 강매를 경험한다. 일부 가이드는 물건을 사지 않는다며 노골적으로 불만을 터트리기도 한다. 이런 기성 업체의 여행 상품을 여행자들은 점점 외면하고 있는 것이다. 그리고 소비자의 외면은 실적 부진과 기업 가치 하락으로 드러나고 있다.

해외여행을 가는 사람들의 자세

한국관광공사의 분석에 따르면 2016년 우리나라 근로자가 사용한 평균 휴가일수는 15일 중 8일에 그쳤으나, 2018년에 이루어진 온라인 여행사OTA 익스피디아의 설문조사에서는 14일로 3년 동안 6일이나 늘어난 결과를 보였다. 이는 주 52시간 근로가 도입되고, 일부 기업의 경우 주 4회 근무를 실시하는 등 열심히 일만 하는 삶에서 벗어나는 사회적 환경이 조성된 덕분일 것이다. 그와 함께 여유로운 삶을 즐기는 방법과 휴식을 중요하게 생각하고, 휴가 역시 적극적으로 활용하자는 분위기가 형성되었다.

휴가에 대한 인식이 바뀌고 있긴 하지만 외국의 골든위크와 같은 장기적인 휴가 시즌이 없기 때문에, 우리나라 여행객은 짧은 여행을 자주 떠나는 특성을 보인다. 즉, 동남아시아나 일본, 중국 같은 비교적 가까운 국가에 3~5일 정도 다녀오는 여행의 형태가 많은 것이다. 심지어 휴가를 쓰지 않고 금요일 밤에 떠나 일요일 밤에 돌아오는 밤도깨비 여행도 꾸준히 늘어나고 있다.

예약을 하는 시점부터 실제로 출국하는 때까지의 기간을 뜻하는 리드타임lead time 역시 지속적으로 짧아지고 있다. 한 여행 관련 업체의 통계에 따르면 국내 여행객의 2017년 7월 평균 리드타임은 7일에 불과했다. 2006년의 평균 리드타임이 15일이었던 데 비해 10년 새 절반 이하로 줄어든 것이다. 쉽게 항공권과 숙소를 예약할 수 있고, 출발 날짜 직전에 표를 구입하면 싸다는 정보가 공공연하게 알려지면서 나타난 현상이다.

이는 곧 여행객이 같은 국가를 여러 번 방문할 가능성이 높음을 뜻한다. 해외여행에 대한 욕구가 커진 데 비해 휴가 기간은 짧기 때문에 비교적 거리가 가까운 일본, 중국, 동남아시아를 중심으로 여행 경험이 반복되는 것이다. 이렇게 같은 국가로 자주 여행을 가다 보면, 유명 관광지를 차례로 도는 판에 박힌 여행 일정은 더 이상 여행객의 흥미를 불러일으키지 못한다. 기존 여행사가 이전처럼 여행객보다 정보의 우위를 토대로 한 이익 창출이 힘들어졌다는 의미다. 여행사가 여행객이 얻을 수 있는 정보와 비슷한 수준이거나 혹은 그보다 부족한 정보를 갖고 있다면 굳이 여행객이 여행사에 추가 비용을 지불하면서까지 이용할 필요가 없어지는 것이다.

이로써 새롭게 떠오른 여행 트렌드가 바로 개별자유여행FIT; Foreign Independent Tour이다. 이제 여행객은, 비행기 표는 스카이스캐너로, 호텔은 호텔스닷컴 등으로 최저가를 쉽게 검색해서 구할 수 있다. 또한 힐링, 맛집, 쇼핑, 액티비티, 트래킹 등 자신의 여행 목적에 맞는 계획을 짜고 시간을 들여 여행지의 정보를 찾는 것을 당연하게 여기는 여행객이 늘

해외여행 채널

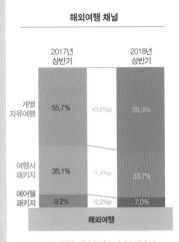

	2017년 상반기		2018년 상반기
개별 자유여행	55.7%	+3.6%p	59.3%
여행사 패키지	35.1%	-1.4%p	33.7%
에어텔 패키지	9.2%	-2.2%p	7.0%

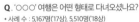

해외여행

Q. 'OOO' 여행은 어떤 형태로 다녀오셨나요?
- 사례 수 : 5,167명('17상), 5,510명('18상)

개별자유여행 시 숙소·항공권 구입 채널

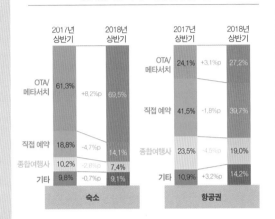

	2017년 상반기		2018년 상반기
OTA/메타서치	61.3%	+8.2%p	69.5%
직접 예약	18.8%	-4.7%p	14.1%
종합여행사	10.2%	-2.8%p	7.4%
기타	9.8%	-0.7%p	9.1%

숙소

	2017년 상반기		2018년 상반기
OTA/메타서치	24.1%	+3.1%p	27.2%
직접 예약	41.5%	-1.8%p	39.7%
종합여행사	23.5%	-4.5%p	19.0%
기타	10.9%	+3.2%p	14.2%

항공권

Q. 'OOO' 여행의 숙소/항공권은 어디서, 어떤 방법으로 예약/구매 하셨나요?
- 사례 수 : 숙소 1,697명('17상), 2,021명('18상) / 항공권 2,068명('17상), 2,384명('18상)

(자료 : 세종대학교 관광산업연구소, 컨슈머인사이트 소비자동향연구소)

고 있다.

숙박 예약 통계를 보면 OTA를 통해 숙박을 예약하는 해외여행객이 전체의 70%에 육박한다고 한다. 이러한 경향은 여행객이 일정을 짜는 데 자유도를 높이는 역할을 했다. 이제는 기성 여행사가 정해놓은 패키지 상품대로 판에 박힌 여행을 할 필요가 없어진 것이다. FIT 시장의 성장 가능성을 높게 점치는 이유다. 흔하지 않은 이색적인 여행 일정을 원하는 여행객이 늘어난 만큼 FIT의 시장 잠식 가속화는 당연한 결과다. 저비용항공사의 성장, 단기 해외여행의 증가, 여행 정보의 대중화 등은 국내 개별자유여행 시장의 성장에 불을 붙일 것으로 분석된다.

이처럼 성장하는 FIT 시장을 파고든 서비스가 바로 마이리얼트립이다. 마이리얼트립은 해외여행 전문 중개 서비스 앱이다. 지마켓, 11번가 등의 오픈마켓 플랫폼 서비스와 동일하지만, 마이리얼트립의 주력 상품이 현지 여행 가이드의 색다른 투어라는 점이 다를 뿐이다. 이는 기존의 대형 여행사들이 판매하는 패키지여행과 차별화된 가이드 서비스다.

일본 도쿄 여행을 생각해보자. 기존 여행사들이 판매하는 여행 상품은 디즈니랜드, 도쿄도청, 도쿄타워 등 주요 관광지를 이동하는 판에 박힌 일정들로 채워져 있다. 반면 마이리얼트립에는 일본 여성과 결혼한 기자 출신의 도쿄 거주자가 안내하는 예비 요식업 창업자를 위한 도쿄 트렌드 가이드나 도쿄의 숨은 브런치 맛집을 찾아다니는 도쿄 브런치 투어, 풍경이 좋은 장소에서 인생샷을 찍어주는 스냅 사진 투어 등이 판매된다.

마이리얼트립은 다양해진 여행 스타일에 맞춰 특색 있는 여행 상품을 중개해 FIT 시장을 빠르게 장악하고 있다.

> "투어·액티비티 분야는 항공, 숙박 다음으로 여행 업계에서 세 번째로 큰 카테고리입니다. 항공과 숙박은 이미 대기업들이 잡고 있고 최저가 외에는 차별화가 힘듭니다. 하지만 투어·액티비티 분야는 콘텐츠에서 차별화를 둘 수 있고, 아직까지 대기업이 장악하지 못한 시장이라는 점에서 마이리얼트립의 경쟁력이 크다고 생각합니다."

가이드 상품에 주력하던 마이리얼트립은 2014년에는 티켓과 패스 상품을 출시했고 2016년에는 호텔 예약 서비스를 시작했다. 2017년에는 에어텔, 한인민박 상품을 출시했으며, 2018년부터는 항공권 판매도 하고 있다. 이처럼 마이리얼트립은 비즈니스 영역을 조금씩 확장하며, 종합 여행 플랫폼으로서의 면모를 갖추고 있다.

레드오션에서 차별화를 찾다

마이리얼트립의 수익 대부분은 가이드와 여행자를 연결해주고 받는 수수료에서 나온다. 따라서 마이리얼트립의 고객은 여행자뿐만 아니라, 자신만의 콘텐츠로 만든 여행 상품을 판매하고자 하는 가이드, 즉 여행 안내인도 포함된다. 마이리얼트립의 차별화 포인트 또한 가이드가 서비스하는 투어 콘텐츠가 얼마나 스페셜한가에 달려 있다. 마이리얼트립의 가이드 서비스가 기성 투어 상품과 비슷하거나 특별하지 않았다면 이렇게까지 시장을 장악하지 못했을 것이다.

이 때문에 마이리얼트립은 여행 상품을 판매하는 가이드를 매우 까다롭게 심사한다. 3차에 걸친 심사가 이뤄지는데, 통과율은 15%에 불과하다. 1000건의 신청이 들어오면 850건은 퇴짜를 맞는다는 것이다.

가이드 등록을 위한 첫 번째 절차는 서류 심사다. A 여행지, B 여행지를 차례로 소개하고 싶다는 단순한 계획안은 받아들여지지 않는다. A 여행지까지 어떤 교통수단으로 이동할 것인지, A 여행지에서 얼마나 머무를 것인지, 호텔 픽업은 가능한지 등을 자세히 입력해야 한다. 여행업을 시작한 동기와 경력, 자기소개, 여행 가이드로서 필요한 자질 두 가지는 무엇이라 생각하는지, 자신의 상품이 다른 상품과 비교해

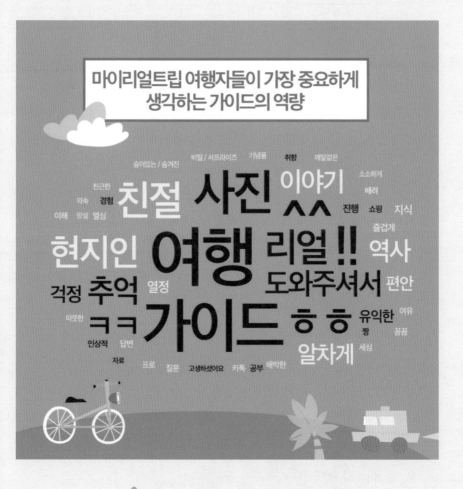

2016년 마이리얼트립에 올라온 약 2만 건의 후기를 분석한 인포그래픽.
리뷰에서 언급된 내용은 '가이드의 전문성'(69.45%), '가이드의 태도'(45.97%),
투어 진행 시의 '분위기'(30.77%), 그리고 가이드가 제공하는 '현지인 노하
우'(13.5%) 순이었다. 이러한 리뷰나 키워드 분석은 브랜드 이미지가 어떻게 형
성되어 있는지 확인할 수 있는 중요한 자료가 된다.

어떤 차별점이 있는지, 여행업 서비스 제공 과정에서 경험한 당혹스러운 상황과 이에 어떻게 대응했는지 등이 모두 포함되어야 한다. 이외에 체류 가능 기간을 증명할 수 있는 비자 확인, 상품 판매액의 정산 계좌, 운전면허증 등 관련 증명 서류도 필요하다.

두 번째 절차는 인터뷰다. 스카이프 등을 활용해 원격 화상 면접이 이뤄진다. 서류에 작성한 내용을 토대로 가이드 등록 담당자가 여행 상품과 관련된 질문을 한다. 화상 면접은 가이드가 되고자 하는 후보자가 서류에 작성한 내용이 사실인지를 다시 한 번 확인하는 목적 외에도 가이드의 여행 상품에 대한 열정, 호감도, 스토리 등을 확인하는 데 주안점을 둔다.

두 번째 절차까지 통과하면 마지막 관문이 남아 있다. 가이드가 마이리얼트립의 규정 사항을 정확히 숙지하고 있는지 테스트하는 10여 문항의 퀴즈를 맞춰야 한다. 세 단계를 통과해야 비로소 마이리얼트립에서 여행 상품을 판매하는 자격을 얻을 수 있다.

마이리얼트립이 이렇게 까다롭게 가이드를 검증하고 골라내는 절차를 거치는 이유는, 마이리얼트립에서는 단순한 여행 상품이 아닌 그 지역의 이야기를 판매한다고 여기기 때문이다.

프랑스의 에펠탑을 소개할 때 역사 전공자, 건축 전공자, 상권 전문가 등 소개해주는 사람에 따라 설명이 다를 수밖에 없다. 에펠탑이 언제, 왜 지어졌고, 높이는 몇 미터인지를 이야기하는 정형화된 설명은

1
여행은 인생을 바꾼다.
우리는 고객의 인생을 바꾸는 사람이다.

고객이 없으면 우리도 없다. 고객에게 잊을 수 없는 경험을
제공한다는 사명감을 가지고 일을 하자!

"마이리얼트립이 파는 것은
단순한 여행 상품이 아닙니다."

인터넷 검색만으로도 쉽게 알 수 있다. 그래서 이와 차별화된 정보를 제공하는 가이드를 찾는 것이다.

이렇게 각각의 개성 있는 판매자들이 가지고 있는 이야기를 팔기 때문에 소비자마다 다를 수밖에 없는 가지각색의 욕구를 충족시켜줄 수 있다. 즉, 남들 다 아는 혹은 기성 여행 상품이 이미 해왔던 획일화된 내용의 가이드 서비스는 마이리얼트립이 추구하는 가치에 부합하지 않는다. 이를 피하기 위해 까다로운 절차를 거치는 것이다.

후기를 남기고 싶은 상품을 판다

SNS와 메신저를 통해 거미줄처럼 연결돼 있는 소비자들에게 빠르게 확산되는 바이럴 마케팅은 이제 필수다. 포털사이트나 SNS, 동영상 사이트 등이 주요 마케팅 채널이 된 지는 오래이고, 스타트업이 자체 홍보 채널을 운영하는 것은 당연한 일이 되었다. 하지만 홍보를 위해 운영하는 SNS에 올릴 콘텐츠를 제작하거나 이를 유저에게 노출시키기 위해서는 또 비용이 드는 만큼, 마케팅 비용을 많이 책정할 수 없는 작은 규모의 스타트업에게는 부담일 수밖에 없다. 초기 스타트업 업체들의 주요 고민 가운데 하나가 마케팅인 이유다. 하지만 마이리얼트립은 이러한 마케팅 비용을 크게 줄였다. 아이템의 특수성 때문이다.

네이버에 '여행 후기'라는 키워드를 검색해보면, 관련된 블로그 글이 240만여 건, 카페에 게시된 글 170만여 건 등 모두 410만 건이 넘는 정보들이 쏟아진다(2019년 1월 기준). 그만큼 여행 콘텐츠는 포스팅 소재로 인기가 높다.

게다가 마이리얼트립은 기성 종합여행사와 차별화되는 독특한 여행 상품을 주로 판매한다. 좀처럼 해볼 수 없는 여행지에서의 특별한 경험을 제공하기 때문에 이용자들은 자발적으로 여행 후기를 작성한다. 즉, 마이리얼트립의 독특한 여행 상품 판매가 곧 마케팅으로 이어지고, 이는 다시 새로운 고객의 유입으로 이어지는 선순환 구조가 만들어지는 것이다.

이를 잘 알고 있는 마이리얼트립은 후기를 작성한 고객에게 쿠폰을 제공하는 등 리뷰를 독려하는 이벤트로 홍보를 대체하고 있다. 그 결과 마이리얼트립에 올라온 누적 여행 후기 수는 2019년 3월 기준 47만여 건에 달한다.

또한 마이리얼트립은 고객들의 앱 이용 시간을 늘리기 위한 각종 장치를 마련하고 있다. 보통 여행객은 여행을 마음먹은 이후부터 여행 출발 시점까지만 여행사 홈페이지나 앱을 이용한다.

반면, 마이리얼트립은 여행의 리드타임이 줄고, 여행 빈도가 늘어나

마이리얼트립은 파리, 로마, 프라하, 리스본 등에서 현지인만 아는 맛집을 가이드해주는 유럽 미식 투어 등 다양한 테마의 가이드 투어 상품을 제공해 고객에게 호응을 얻고 있다.

고 있다는 점, 게다가 가볍게 훌쩍 여행을 떠나는 경우도 많아지고 있다는 점에 주목했다. 그래서 여행 준비 안내나 특가, 할인권 등에 관한 앱 푸시를 수시로 전송해 앱 활동량을 높이고 있다. 이는 쇼핑 앱에서 많이 보이는 방식으로, 지속적인 앱 접속을 유도해 매출을 늘리는 것이다. 즉, 이제는 여행도 쇼핑처럼 소비되고 있음을 빠르게 파악하고 이를 마케팅 전략으로 활용하는 것이다.

이 외에도 마이리얼트립은 2018년부터 배우 정유미 같은 유명 연예인을 활용한 TV 광고도 집행하고 있다. 마이리얼트립은 다른 대부분의 스타트업과 마찬가지로 비교적 광고 집행비가 저렴한 SNS나 포털사이트 등의 온라인 매체만을 마케팅 수단으로 활용해왔지만, 사업이 7년 차에 접어들면서 외연 확장에 나선 것이다. TV 광고는 비용이 많이 들어 스타트업이 접근하기 쉽지 않다. 또한 광고 파급력 역시 예전만 못하다는 분석이 있어 스타트업은 좀처럼 TV 광고 집행을 하지 않는 것이 현실이다. 하지만 TV는 제도권 매체로 여전히 시청자의 신뢰성이 높은 만큼 광고가 노출될 경우 기업의 이미지 신장에 도움이 될 수 있다. 즉, TV 광고 노출은 마이리얼트립이 작은 스타트업에서 어엿한 중견 기업으로 인식될 수 있는 모멘텀으로 작용할 수 있다는 것이다.

사업이 예상을 벗어났다면, 그 예상을 버려라

"식당은 진짜 어려운 거예요. 내가 손님한테 정말 맛있는 음식을 피땀 흘려 준비했다고 끝이 아니야. 그건 기본이야. 그 다음에 내 자존심을 파는 거야. 근데 그 정도 자존심도 못 팔면서 뭘 하겠다는 거야."

유명 요식업 사업가이자 방송인인 백종원이 TV 프로그램에서 식당 운영에 조언을 요청한 경양식 자영업자에게 한 쓴소리다. 백종원은 출연자에게 밥은 따로 담아내고, 샐러드는 양배추를 밑에 깔고 잎채소를 위로 올려 풍성해 보이도록 하라는 등의 식당 운영 노하우를 알려줬다. 하지만 얼마 뒤 제작진이 다시 확인해보니 식당 주인은 백종원의 조언을 거의 따르지 않고 있었다. 성공한 사업가의 솔루션임에도, 수용할 만한 몇 가지만 듣고 나머지는 무시한 것이다. 당연히 조언을 듣지 않은 자영업자의 사업 상황은 달라지지 않았다. 자존심을 꺾지 못하고, 자신의 생각에 갇힌 결과였다.

마이리얼트립도 비슷한 상황을 겪었다. 마이리얼트립은 사업 초기 FIT 시장은 당연히 자유로운 여행을 추구하는 20~30대가 주 소비자일 거라고 생각했다. 그래서 젊고 감각적인 아이템 위주로 여행 상품을 선별했고 마케팅 채널이나 카피도 젊은 층을 겨냥했다. '유니크 피플, 유니크 익스피리언스' 같은 카피가 이때 나온 것이다. 프라이빗, 유니크, 로컬 등 당시 인기 있던 키워드들을 내세워 마이리얼트립을 정의 내렸다.

하지만 시장 반응은 시큰둥했다. 사업 초기 3개월 동안 지인을 제외한 판매 건은 0이었다. 이후 간간히 들어오는 예약자의 대부분은 40대 이상의 연령층이었다. 20~30대보다 구매력이 높은 40대에서 더 관심을 보였던 것이다. 40대로 주요 타깃층을 변경해야 한다는 의견이 나오기 시작했다. 여러 통계 자료에서도 해외여행을 가장 많이 떠나는 연령대는 40대였다.

"20대는 여행 시장에서 구매력이 크지 않아요. 가이드 받을 돈이면 발품 팔아서 정보를 더 얻고 호스텔을 가죠. 반대로 40대 이상 분들은 패키지는 싫은데 자신들이 조사하거나 혼자 가서 돌아다니는 건 엄두가 안 나니까 마이리얼트립 가이드가 딱이었던 거예요."

하지만 데이터가 이야기하는 사실을 인정하고 싶지 않았다. 대표나 직원 모두 젊은 사람들로 이루어진 기업이었던 만큼 같은 세대의 공감을 얻는 사업을 하고 싶었던 것이 첫 번째 이유였고, 타깃층 설정 실패를 인정하고 싶지 않은 자존심이 두 번째 이유였다. 물론 당시는 사업 초기였기 때문에 처음의 고집을 그대로 밀고 나갈 여지가 있었다. 하지

User Journey Map: Traveling with My Real Trip

	여행에 대한 꿈 →	여행가기로 결정 →		여행준비 →
	따분한 일상	기대만빵	폭풍 리서치	큰 결제
Touchpoint	사무실/일하는 공간 스트레스 받는 곳	Face to Face 모바일메신저	틈날 때마다 모바일 집/회사 데스크탑 앞	모바일과 PC
What's Happening	현실 어디 가볼까 고민 여행경비 마련	언제/누구랑/얼마동안 여행경비 budget 항공권 브라우징	여행의 형태 패키지/자유/배낭	항공권 구매 숙박 형태 고민 숙박 시설 리서치
Souce of Info	SNS(다른 사람의 여행) 추억/옛날 사진들 지인의 여행 소식	메신저(카톡/라인)/전화 만나서 식사하며 대화	네이버 검색 소셜커머스할인 사이트 여행 사이트	트립어드바이저/부킹닷컴 네이버 블로그/유랑 에어비앤비/Couchsurfing

■ 감정곡선
　기대치/기쁨

■ 기회영역
　잘할 수 있는 부분

	"아~ 여기 가고 싶다."	"그래, 가는 거야."	"뭐부터 해야 하지?"	"아, 비싸."
마이리얼트립 기회영역	여행을 가고 싶게끔 하는 inspiration 제공	여행 하면 마이리얼트립이 생각나도록 하는 브랜딩	마이리얼트립만의 스타일 있는 여행을 생성 예) 끌리는 자유여행	항공권을 구매한 사람에게 마이리얼트립 상품을 추천
중요도 (product side)	★★★	★★	★★★★	★★
To-Do	SNS 마케팅 사이트에 큐레이션된 콘텐츠 제공	마이리얼트립 브랜드 강화 프로젝트	브랜딩과 바이럴 마케팅	크로스셀(cross sell) 마케팅 (난이도 있음)

	→ 여행 임박	→ 여행 중	→ 여행 후 →
작은 결제	현금 준비/짐 싸기	즐기되 Stay Connected	경험의 추억화
주로 모바일	온라인 사이트 여행 라이브러리	모바일(온라인) 현지인에게 묻기	주로 PC Face to Face
여행 루트 계획 현지 친구 연락 SNS 홍보	날씨, 환율 작은 교통수단(공항) 짐 싸기/비자/휴가 신청	치안/budget 관리 먹을 곳/마실 곳/현지 교통수단 동행자 벙개/현지인 친구 사귀기 실시간 공유	사진 데이터 정리 SNS 업데이트 후기 작성
페이스북 메신저(카톡/라인)	네이버 블로그 날씨 사이트 구글 검색	트립어드바이저 엘프/네이버 블로그/구글맵/유랑 인스타그램/페이스북 메신저(카톡/라인)	유랑 트립어드바이저 부킹닷컴 word of Mouth
"어딜 구경할까?"	"막상 제일 중요한 걸 잊을 뻔 했네."	"재밌지만 피곤하다. 그래도 여행사진은 올려야지."	"다음엔 어디 가지?"
여행 상품을 보며 어떤 종류의 여행을 하고 싶은지를 결정하는 데 도움을 준다 예) 테마가 있는 여행	가이드가 센스 있는 팁 제공, 비자/짐 싸기 팁 제공	가이드 사진 찍기, 투어하는 장면 기록(영상) 후 홈페이지에 리뷰 남기기	마이리얼트립 좋은 리뷰 지인에게 추천
★★★★★	★★★	★★★★★	★★★★
마이리얼트립 상품 강화 모바일 first strategy iOS 앱 론칭	포럼, 블로그 등 사용자 참여도 증가시킬 수 있는 방법 찾기 재미있는 브랜딩 앱 만들기	마이리얼트립 모바일 플랫폼 강화, 리뷰 시스템 개선	Referral reward 좋은 서비스 제공이 가장 큰 답

마이리얼트립은 여행자를 대상으로 한 심층 인터뷰를 통해 여행을 가고 싶다고 인지한 때부터 실제 여행을 갔다 온 후까지의 활동과 감정 상태를 분석해 사용자 여정 지도(User Journey Map)를 제작했다. 이를 통해 마이리얼트립의 강점과 약점을 파악할 수 있었다고 한다. 고객의 경험에 맞추어 기업의 서비스와 마케팅 포인트, 기회영역을 파악하는 것은 비즈니스 모델을 구축하는 데 아주 중요하다. 여행자뿐만 아니라 가이드에 대한 사용자 여정 지도를 만들기도 했는데, 이는 마이리얼트립이 여행자뿐만 아니라 가이드 또한 중요한 고객으로 인식한다는 의미다.

만 계속해서 자존심 값을 지불하기에는 생존의 문제가 걸려 있었다. 작은 위기에도 생존의 위협을 받을 수 있는 스타트업에게 주어진 여유 시간은 길지 않았다.

마이리얼트립은 주요 타깃층을 40대로 바꿔, "편안하게 한국인과 동행하세요"와 같은 해외여행에 대한 불안감을 줄여주는 마케팅 문구를 설정하고 여행 아이템 선정에도 변화를 주었다. 이후에 마이리얼트립은 빠르게 성장할 수 있었다. 그렇게 초기의 위기를 넘긴 마이리얼트립은 이제 원하던 20~30대 소비자까지 고객층을 늘렸다. 사업에 자존심은 사치였던 것이다.

●

까다롭게 검토하고 빠르게 결정하라

●

마이리얼트립의 이동건 대표는 결단력과 속도를 중시하는 경영자다. 아이디어가 있다면 사업 가능성이 확인되는 즉시 실천하는 것을 중요하게 여긴다. 앞에서 타깃층을 빠르게 바꿀 수 있었던 것도 그러한 그의 성향 덕분일 것이다.

마이리얼트립의 시작 역시 결단력이 빛을 발한 결과물이다. 이동건 대표는 창업을 준비하던 중 창업지원기관인 프라이머의 수장이자 스타트업계의 대부인 권도균 대표를 만났다. 그리고 그로부터 여행 아이템을 권유받았고 두 달 만에 사업 준비를 추진했다.

마이리얼트립을 경영하는 과정에서도 대표의 결단력은 여실히 드러났다. 마이리얼트립은 사업 영역 확장의 일환으로 2018년부터 항공권도 판매하고 있다. 준비 기간은 단 1개월이었다. 한 업체가 항공권 사업을 진행하기 위해서는 사내 결재 절차와 심사 과정 등을 거치는데, 보통 3~4개월 정도가 소요된다고 한다. 하지만 마이리얼트립에서는 이 기간을 3분의 1로 줄였다. 비효율적인 결재 절차를 줄이고 빠른 검토와 심사 절차를 밟았기 때문이다. 이처럼 속도감 있는 경영은 마이리얼트립이 국내 FIT 시장을 빠르게 잠식할 수 있었던 주요 요인 중 하나라고 본다.

"특정한 아이디어나 사업은 제 눈에만 보이는 게 아닙니다. 경쟁사도 다 보고 있어요. 큰 기업이 저희만큼 이 시장에 빨리 진입하지 못 하는 이유는, 그들이 포착하지 못했거나 아니면 중요성을 간과하고 있는 게 아니라, 그야말로 실행의 문제입니다. 그러니까 무엇을 해야겠다고 생각했을 때 빨리 시작해야 시장을 장악할 수 있는 겁니다."

이동건 대표가 속도만을 중요시하는 것은 아니다. 속도는 디테일의 부족을 낳거나 실책 가능성을 높일 수 있다. 2015년 마이리얼트립에 합류한 김도아 COOChief Operating Officer(최고운영책임자)는 대표의 경영 방식에 대해 속도뿐만 아니라 꼼꼼함까지 갖추고 있다고 평했다.

2015년 여름, 사업 성장세가 빨라지면서 고객의 컴플레인이나 상품 문의도 증가했다. 기존 직원들이 소화하기에 벅차지자 고객센터 담당자를 따로 채용하기로 했다.

김도아 COO는 담당자가 시급히 필요한 만큼 지원자 중에서 빠르게 담당자를 채용하려 했다. 하지만 대표는 가이드를 뽑을 때만큼이나 까다로운 채용 기준을 적용해 고객센터를 믿고 맡길 수 있는 전문가를 찾길 원했다. 이동건 대표의 고집은 적중했다. 당시에 뽑은 고객센터 담당자는 현재까지 규모가 커진 고객센터의 관리자로서 훌륭한 업무 수행 능력을 보이고 있다.

김도아 COO는 당시 고집을 꺾지 않는 대표가 답답했지만 되돌아보면 그 판단이 옳았음을 인정했다. 사업이 빠르게 성장하고 있는 상황에서 분야의 전문가가 담당 업무를 맡아줌으로 인해 성장 속도에 탄력을 붙일 수 있었던 것이다. 사업의 성장 속도가 빠른 스타트업의 특성상, 시스템이 갖춰지기 전에는 오로지 담당자의 능력에 의존할 수밖에 없다. 그리고 사업의 성장 속도를 직원이 따라가지 못하면 서비스의 질이 떨어지고 성장에도 제한이 걸리는 경우가 많다. 결국 당시 대표의 고집은 결과적으로 이를 미리 대비할 수 있었던 묘수였던 셈이다.

"작은 회사가 큰 회사에 비해 가질 수 있는
유일한 장점은 속도입니다."

_이동건 마이리얼트립 대표

"고객센터 담당자 한 명을 뽑을 때도
허투루 넘어가지 않아서 싸우기까지 했죠."

_김도아 COO

여행사도 IT 기업이 되어야 한다

　마이리얼트립은 여행 상품을 중개, 판매하는 업체지만 직원 70여 명 가운데 절반 이상이 IT 관련 기술자다. 사실상 고객센터 응대 직원을 제외한 대부분의 인력이 IT 기술자라 봐도 틀린 말이 아니다. 성장을 위한 투자도 IT 쪽으로 집중시키고 있다.

　언뜻 여행업은 IT 업계처럼 고도화된 기술이 크게 중요하지 않아 진입장벽이 낮다고 생각하기 쉽다. 하지만 마이리얼트립은 자사의 기술력을 고도화하는 것이 곧 경쟁력이라고 생각했다. 실제로 스카이스캐너 같은 글로벌 여행 업체의 인력도 대부분 IT 엔지니어로 구성되어 있는 것으로 알려져 있다.

　마이리얼트립이 특히 기술력을 중요시하는 이유는 서비스의 질을 높이기 위해서다. 그리고 같은 맥락에서 마이리얼트립은 여행 상품 판매로 시작해, 호텔, 항공권 순으로 사업을 확장해왔다.

　회사의 규모가 커졌기 때문에 다른 먹거리를 찾아 사업 영역을 넓혔다는 것은 너무 단순한 시각이다. 항공권, 호텔 중개 판매업은 이미 호텔스닷컴, 트리바고, 스카이스캐너 등 대형 글로벌 업체들이 장악하고 있는 레드오션이다. 마이리얼트립이 레드오션 시장을 단순히 외연 확

1 여행은 인생을 바꾼다. 우리는
고객의 인생을 바꾸는 사람이다.

2 안되는 이유는 짧게,
되는 방법은 길게 생각한다.

3 완벽하기보다는 일단 빠르게
시도해 보는 방향으로!

4 동료의 일도 나의 일이다.

5 피드백은 빠르게, 그 실행은 더 빠르게!

6 빠르고, 정확하게 그리고
책임감을 가진다.

7 끝내기 위해서가 아니라
새로운 가치를 위해 일한다.

마이리얼
일하는

성공한 스타트업은 사업 목표와 일하는 방식의 기준이 명확하다. 그리고 이를 전 직원이 공유하며, 단지 구호에 그치지 않는다. 마이리얼트립은 '언제 어디서나 전 세계 모든 여행을 연결하는 Travel Tech Leader'를 목표로 한다. 여기서도 '기술(tech)'을 중시하는 사업 방향이 잘 드러나 있다.

장을 위해서 뛰어들었다면, 후발 주자로서의 불리함을 떠안아야 할 뿐만 아니라 규모의 경제에서도 밀리기 때문에 합리적인 행보로 보기 힘들다.

그럼에도 불구하고 사업을 확장한 이유는 보다 종합적인 여행 데이터를 수집하기 위해서다. 그리고 꾸준히 개발시켜온 기술력과 결합해 맞춤 추천 서비스를 탄생시켰다. 마이리얼트립은 그동안 여행 상품을 중개 판매하면서 다양한 여행 데이터를 축적할 수 있었다. 여기에 여행의 필수 요소인 숙박과 항공권에 관한 데이터까지 더해짐으로써 맞춤 추천 서비스는 더욱 정교해졌다. 이러한 마이리얼트립의 기술 개발R&D을 위한 노력은 네이버와 합작으로 구축한 현지투어 검색 서비스의 출시로 이어졌다.

진입장벽이 낮아 경쟁 업체가 우후죽순 생기고 있는 시장에서 마이리얼트립은 독보적인 기술력을 갖춰 우위를 점했고, 설립 이래 국내 FIT 시장의 최강자로 군림하고 있다.

'잘하는 일을 하라. 또 잘하는 일을 더 잘하게 만들어라.'

마이리얼트립이 사업 초기의 위기를 벗어나 생존하고 성장할 수 있었던 비결은 이 두 문장으로 정리할 수 있다. 잘하는 일과 좋아하는 일을 사이에 두고 고민하는 청년이 많다. 이를 두고 사람들의 의견은 첨

예하게 갈린다. 하지만 스타트업에 있어서만큼은 전자가 정답으로 보인다. 스타트업 생태계에서는 잘하지 못하면 생존할 수 없기 때문이다. 마이리얼트립이 초기에 했던 타깃팅 설정을 고집했다면, 현재의 영광은 없었을 것이다. 일단 잘할 수 있는 일을 해야 생존 가능성이 조금이라도 커진다.

또한 마이리얼트립은 잘하는 것을 더 잘할 수 있도록 노력한다. 독보적인 위치를 점유하기 위해서다. 초기 개척한 사업 아이템만으로는 비슷한 아이템을 활용한 후발 경쟁자들이 생기면 밀리기 마련이다. 우후죽순 생겨난 배달 앱이나 부동산 앱이 그렇다. 이러한 현상은 시장 나눠 먹기로 이어지는 경우가 많지만 후발 주자가 더 업그레이드된 기술로 선두 주자를 뛰어넘은 사례도 많다.

대표적으로 검색엔진인 야후와 구글의 운명이 그렇다. 전문가들은 검색엔진의 선두 주자였던 야후와 후발 주자였던 구글의 운명이 갈린 것을 '잘하는 것을 더 잘하도록 집중했는지 여부'로 분석하고 있다. 구글은 기존의 검색엔진의 본질인 기술력에 집중했지만, 야후는 이에 소홀해 현재와 같이 구글이 야후를 압도할 수 있었다는 것이다. 업계의 선두 주자인 마이리얼트립이 지속적인 기술 개발로 경쟁자들을 따돌릴 수 있을 것으로 보이는 이유다. ⓜ

벨트라

일본의 '벨트라veltra'는 마이리얼트립 사업 아이템의 원조격인 회사다. 2004년부터 본격 서비스된 벨트라는 현재 전 세계 124개국, 339개 도시, 1만 4000여개의 여행 액티비티 상품을 판매하는 기업으로 성장했다. 100만여 명이 넘는 회원을 보유하고 있고 등록된 가이드도 6000명이 넘는다. 중국에 지사를 설립하는 등 글로벌 기업으로 거듭나고 있다.

벨트라의 전신은 1991년 설립된 앨런ALAN이란 IT 기업이다. 자동차 회사인 닛산의 직원이었던 아츠미 아라키 등이 회사를 나와 작은 아파트를 사무실로 삼고 설립했다. 벨트라는 초기 IT 회사답게 세계 최초로 자동차 회사 '오펠 재팬'의 공식 웹 홈페이지를 제작했고, 인터넷 리서치 기술을 개발하기도 했다.

앨런이 여행 관련 상품에 관심을 갖게 된 것은 골프 예약 사이트를 만들면서다. 골프장 이용에 있어 불합리한 가격 책정이 이뤄지고 있다는 문제의식 아래 관련 사이트를 개설해 운영한 것이다. 이후 벨트라는 2004년 하와이의 액티비티 예약 사이트를 인수하고 여행 예약 사이트를 열면서 본격적으로 여행 산업에 뛰어들었다. 이후 세계 최초로 일본의 온천 전문 예약 사이트를 운영하는 등 일본 내 여행 상품 개발을 특화시키는 전략을 활용했다. 이후 각종 여행사와의 협업을 통해 사업 범위를 확장해왔다. 앨런은 2012년 회사명을 벨트라로 변경해 지금까지 쓰고 있다.

벨트라 역시 마이리얼트립의 사업 방향과 마찬가지로 IT 기술 개발에 집중하고 있다. 전 세계 다양한 여행자의 라이프스타일과 가치관에 따라 여행 상품을 추천하기 위해서다. 벨트라의 전신이 IT기업이었던 만큼, 기술력의 기반이 탄탄해 지속적으로 성장할 것으로 보인다.

플랫폼의 경쟁력은
트래픽이 아닌
축적된 데이터와 기술력

유저가 만든 63만 개의 인테리어 크라우드 쇼룸

BRAND 오늘의집

오늘의집

설립 2014년 7월 15일

직원
70명

유저들이 공유한
인테리어 사례
63만 개

앱 이용자 수(월)
104만 명

SNS 구독자 수
80만 명

(2019년 1월 기준)

나만의 공간은 내가 꾸민다

"집 밖은 위험해."

홈트(운동), 홈뷰티(미용), 홈카페, 홈파티 등 집에서 여가를 보내는 집돌이, 집순이들이 늘고 있다. 이들을 '홈족'이라고도 하는데, 특히 20~30대에서 뚜렷한 경향을 보인다.

실제로 2018년 잡코리아와 알바몬에서 성인 남녀 1625명을 대상으로 홈족에 대한 인식을 조사한 결과 20대(68.5%)와 30대(62.0%)에서 스스로를 홈족이라고 생각한다고 답했다. 그들이 홈족 생활을 하는 이유로는 '집에서 쉬는 게 진정한 휴식 같아서'(61.1%, 복수응답) '밖에 나가면 돈을 써야 해서(지출을 줄이려고)'(49.4%) '군이 나가지 않아도 집에서 할 게 많아서'(47.3%)라는 답이 많았다.

홈족의 증가는 집에 대한 인식 변화에서 비롯되었다고 볼 수 있다. 집을 사고파는 경제적 교환 가치가 아닌, 생활을 하고 여가를 보내는 사용 가치에 중점을 두는 인식이 널리 퍼졌기 때문이다. 여기에는 천정부지로 솟은 집값으로 인해 내 집 마련이 사실상 힘들어진 상황도 한몫했을 것이다.

시장조사 전문 기업 엠브레인 트렌드모니터가 집과 홈인테리어에 대한 인식 조사(2017년, 전국 만 19~59세 남녀 1000명)를 실시한 결과에 따르면, 현대인은 집을 '휴식 공간'(81.9%, 중복응답)이자, '두 발 뻗고 편히 누울 수 있는 공간'(72.7%)으로 인식하고 있었다.

특히 20~30대의 1인가구 혹은 자녀가 없는 2인가구의 경우에는 집을 '나만의 공간'이라고 인식하는 경우가 높은 비율을 차지했다(20대 66.4%, 30대 51.2% / 1인가구 78.5%, 2인가구 67.1%). 20~30대는 결혼으로 신혼집을 마련하거나, 비혼인 경우 사회생활을 시작해 독립을 해서 1인가구를 형성하는 경우가 많다. 그래서 집을 가족과 공유하는 공간의 의미를 넘어서, 편하게 쉴 수 있고 있는 그대로의 모습으로 있을 수 있는 나만의 안식처로 생각하는 것이다.

여기에 실제로 집에서 보내는 시간이 길어지면서(평균 12.2시간) 공간 자체에 관심도 높아졌다. 이는 집을 꾸미는 홈퍼니싱home furnishing에 관한 관심으로 이어졌다. 이제 많은 사람이 홈인테리어를 자신의 개성을 표현하는 수단으로 인식한다. 예쁜 집의 인테리어를 보면서 따라 하고 싶어 하는 경향 또한 높아졌다. 셀프인테리어에 대한 진입장벽이 낮아진 것이다.

이는 최근 한국 사회에 불어온 소확행(작지만 확실한 행복) 열풍과도 연관성이 크다. 무라카미 하루키의 소설에서 처음 언급된 후 2018년 소비 트렌드로 자리매김한 소확행은 20~30대를 사로잡았다. 소확행은 주택 구입, 결혼, 노후 등의 미래를 위해 현재를 희생하지 않고 일상의

집과 홈인테리어에 대한 생각은 어떻게 바뀌었을까?

1인가구 비율

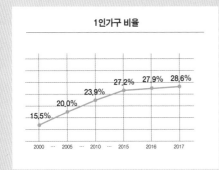

집은 '나만의 공간'이다

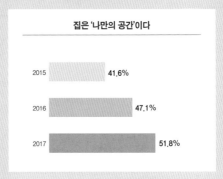

홈인테리어에 관한 생각

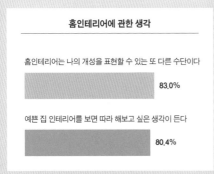

셀프인테리어에 대한 생각

(자료 : 통계청, 엠브레인 트렌드모니터)

1인 가구의 증가와 욜로(YOLO), 소확행 문화의 확산으로 집을 '나만의 공간'으로 인식하고 집에서 행복을 찾으려는 사람들이 늘고 있다. 이와 함께 집을 꾸미는 홈퍼니싱족이 늘고, SNS에는 '#집스타그램'의 해시태그가 유행하며, '랜선집들이'라는 새로운 풍속도 생겨나고 있다.

작지만 성취하기 쉬운 소소한 행복을 추구하는 삶의 태도다. 이것이 설령 내 소유가 아닐지라도 지금 살고 있는 집을 나만의 취향으로 꾸미겠다는 셀프인테리어 시장의 확대로 이어진 것이다.

실제로 트렌드모니터의 조사에 응답한 2명 중 1명은 최근 1년간 집의 인테리어를 직접 바꿔본 경험이 있다고 밝혔다. 물론 우리나라 전체 주택의 절반이 건축된 지 20년이 넘은 노후주택이다 보니 집을 수리·리모델링하는 잠재 수요가 크다는 점을 간과할 수 없다. 이에 대해 김태환 KB금융지주 경영연구소 연구위원은 "집 시설물의 고장이나 이사 같은 구체적인 계기가 없고, 전·월세로 거주하는 사람들도 인테리어 투자를 시작했다"고 진단했다. 과거에는 집을 매입해서 입주할 때만 리모델링을 했다면 이제는 전·월세를 살면서도 셀프인테리어로 꾸미고 사는 사람이 많아진 것이다.

이를 반영하듯, 2017년 국내 홈퍼니싱 시장 규모는 13조 7000억 원이었으며, 2023년에는 18조 원까지 성장할 것이라고 통계청은 전망했다. 온라인 시장의 규모도 급속히 성장하고 있다. 온라인 쇼핑몰 옥션에 따르면 2014년에서 2017년까지 가구 판매량은 99% 급증했다. 특히 공간 활용에 유용한 붙박이장이나 책상, 식탁 등의 판매량 증가세가 눈에 띄었다. DIY 가구나 가구 리폼은 164%로 더 큰 폭의 증가를 보였다. 스스로 조립하는 수고로움이 있더라도 비용을 줄이고 나만의 개성으로 개조re-design하는 것에 즐거움을 느끼는 사람이 늘어난 것이다.

여기에 SNS에 자신이 꾸민 집을 자랑하고 셀프인테리어에 관한 정보를 공유하는 문화가 맞아떨어졌다. 인스타그램에는 '#집스타그램'이라는 해시태그가 달린 게시물이 2만 7000개에 달한다. SNS를 통해 집을 공개하는 '랜선집들이'라는 새로운 풍속도 생겨났다.

이러한 트렌드를 반영해 '내가 갖고 싶은 공간을 만들자'는 목표로 탄생한 스타트업이 있다. 바로 버킷플레이스다. 버킷플레이스는 개인이 애정과 노하우를 담아 만든 인테리어 사진을 공유하는 SNS인 동시에, 인테리어 전문가와 연결해주고 소품을 직접 구매할 수 있는 온라인 마켓이 합쳐진 '오늘의집'을 론칭했다. 오늘의집은 큰돈과 시간을 들이지 않고도 쉽게 나만의 취향을 살려 공간을 꾸밀 수 있는 노하우를 제공한다. 나만의 가치를 표현하고 더 나은 삶을 살고 싶은 요즘 사람들의 마음을 저격한 서비스인 것이다.

"스타벅스 같은 상업 공간에서 예쁘고 멋있는 인테리어에 대한 경험을 쌓은 분들이 우리 집도 저렇게 꾸미고 싶다는 홈퍼니싱으로 발전했다고 생각합니다. 특히 모든 게 세팅되어 있는 아파트에 많이 살다 보니 직접 집을 고치는 DIY 인테리어보다, 소품이나 가구를 바꿔서 집을 꾸미는 홈퍼니싱 쪽으로 시장이 커졌습니다. 획일화된 공간을 나만의 공간으로 만들고 싶다는 욕구도 반영되어 있겠죠."

Vision

	VISION	KEYWORD
Who	누구나	셀프 / 노하우
How	쉽고 예쁘게	로망
What	집을 꾸밀 수 있게 한다	일상 / 변화

누구에게, 무엇을, 어떻게 전달할 것인가를 명확히 브랜딩에 담아야 한다.
오늘의집의 비전과 키워드를 분석해보면 그 의미를 이해할 수 있다.

출시된 지 4년이 흐른 현재, 오늘의집은 국내 인테리어 커머스 앱 분야 1위에 오를 만큼 성장했다. 2014년 7월 서비스를 시작한 오늘의집은 2019년 1월 기준으로 앱 다운로드 수 380만 건, 앱 이용자 수 104만명, 누적 거래액 1000억 원을 돌파했다.

인테리어를 몰라도 인테리어 사업을 할 수 있다

오늘의집을 만든 이승재 버킷플레이스 대표의 첫 사업은 대학 시절 전공인 화학생물공학을 살려 태양열 전지 쓰레기통을 개발하는 스타트업이었다. 그런 그가 인테리어 시장에 눈을 뜨게 된 계기는 지인의 집에 초대받았던 경험이다.

현관문을 들어선 순간 그는 충격을 받았다. 지인의 집은 10평도 안 되는 작은 오피스텔이었는데, 방 한 면을 가득 채운 벽돌과 멋스러운 소파, 아름다운 전등으로 카페처럼 분위기 있게 꾸며져 있었다. 획일화된 원룸의 공간을 이렇게 꾸밀 수 있다는 게 믿어지지 않았다.

2010년대 초반 홍콩의 이케아IKEA를 방문했던 경험 역시 마찬가지였다. 가구와 인테리어 소품을 판매하는 마트와 다름없는 곳이 많은 사람이 찾는 일종의 관광명소가 된 데에는, 이케아의 가구와 소품으로 꾸며진 공간이 특별한 경험을 선사하기 때문이라고 생각했다. 쇼룸을 통해 '나도 내 공간을 이렇게 꾸미고 싶다' '언젠가 이런 공간에 살고 싶다'는 자극을 주고 가성비 높은 대안을 제공하는 것이다.

그날 이후 이승재 대표는 인테리어 스타트업을 하고 싶다는 생각이 간절해졌다. '온라인 쇼룸을 만들면 어떨까'에서 시작해 여러 아이디어가 샘솟았다. 고민하기를 한 달, 지금 안 하면 후회할 것 같고, 망해도 괜찮을 것 같다는 확신이 생기자 바로 인테리어 사업에 뛰어들었다.

사실 인테리어는 전문가의 영역이다. 인테리어 비용은 부르는 게 값이고 공사 과정에서 실제 이용자는 배제되는 경우가 많았다. 하지만 때마침 작은 소품, 벽지, 페인트 등 스스로 하는 셀프인테리어가 인기를 끌기 시작한 때였다. 인테리어를 비전문가의 영역으로 확장해야 한다는 니즈가 분명히 보였다.

집이 상징하는 것은 결코 가볍지 않다. 가장 편안함을 느낄 수 있는 장소이자, 나와 가족의 울타리다. 또한 인생 최대의 비용을 투자해야 얻을 수 있는 자산이기도 하다. 그럼에도 제대로 된 정보 없이 전문가에게만 맡겨야 한다는 건 문제가 있지 않은가. 이런 문제의식을 공유한다면 승산이 있을 거라고 판단했다. 블로그에서 레시피를 보며 음식을 만들 듯, 잘 꾸며진 인테리어를 보며 흉내 내다 보면 많은 이들이 인테리어가 어렵지 않다고 느낄 것이라 판단했다.

실제로 버킷플레이스 창업 멤버들 중에는 인테리어 전문가가 없었다. 이 때문에 투자를 받을 때마다 "왜 이 팀은 인테리어 사업을 하면서 인테리어 전문가가 한 명도 없습니까?"라는 질문을 받기도 했다. 그럴 때면 이승재 대표는 이렇게 대답했다.

"우버는 운송 업계가 만든 게 아니고 에어비엔비도 호텔 업계에서 만든 것이 아닙니다. 오히려 외부의 관점에서 객관적으로 바라보는 것이 사업에 도움이 될 수 있습니다."

크라우드 쇼룸의 가치

'누구나 예쁜 집에 살 수 있어.'

오늘의집 앱을 켜면 포근한 소파에 앉아 커피를 마시는 집순이와 소파에 팔을 걸친 집돌이 그리고 빼꼼히 얼굴만 내놓은 집냥이의 모습이 제일 먼저 보인다. 소박하지만 평온한 공간에서의 여유로운 삶의 모습을 이미지화한 것이다. 그리고 함께 보이는 동글동글한 글씨체의 슬로건은 캐릭터가 직접 말을 하는 듯한 느낌을 준다.

Character

누구나 예쁜 집에 살 수 있어

오늘의집은 특히 캐릭터 활용 범위가 넓다. 외부에 보이는 앱 디자인이나 이벤트 페이지뿐만 아니라, 명함, 채용공고 등 내부 브랜딩(Internal Branding)에도 캐릭터를 적극 활용하고 있다. 캐릭터를 통해 브랜드 이미지를 명확하게 전달할 수 있음을 알기 때문이다.

오늘의집에서 만나는 집들도 바로 이런 모습이다. '오늘의 스토리'에서는 온라인 집들이가 벌어지는데 '28살 프리랜서의 첫 독립 8평 원룸' '비운 만큼 채워진 우리 집' '산토리니 스타일 3층짜리 협소주택' 등 다양한 집들이 공개된다. 해당 집 사진을 클릭하면 주거 형태, 평수, 인테리어 스타일, 작업 주체 및 방법, 기간, 예산 등의 구체적인 정보도 공개된다. 또한 인테리어 전의 집 상태와 인테리어 콘셉트, 그리고 인테리어 과정과 인테리어를 마친 최종 공간에 대한 사진 등이 함께 나열된다.

조건과 취향을 필터로 설정해 사진을 검색할 수도 있다. 인테리어는 공간의 구조나 크기에 따라서도 느낌이 다르기 때문에, 나와 비슷한 공간에 사는 사람들이 어떻게 집을 꾸몄는지를 찾아보고 구경할 수 있다. 인테리어 완성 사진에서 각각의 가구나 소품 위에 뜬 작은 플러스 이미지를 누르면 구매 페이지로 넘어간다. 잘 꾸며진 집을 보면서 '나도 이 소품 사고 싶다'라는 생각이 들면 바로 해당 제품을 구매할 수 있게 연동되어 있는 것이다. 구매 페이지에서는 또 다른 이용자의 활용 이미지와 제품의 상세 정보를 확인할 수 있다.

도배, 장판, 타일, 조명, 도어 등 전문적인 인테리어 영역을 상담하고 구매로 이어지는 '전문가 섹션'도 있다. 여기에는 전문가들이 이전에 시공했던 집을 사진으로 보여주거나, 고객이 실제로 해당 전문가를 통해 시공한 후기도 사진과 함께 올라와 있다.

오늘의집 수익에서 가장 큰 부분을 차지하는 것은 제품 판매(커머스)

오늘의집은 온라인 쇼룸에 자신의 집 사진을 올릴 수 있고, 다른 사람이 올린 사진에서 본 예쁜 소품을 스토어에서 바로 구입할 수 있는 플랫폼이다.

다. 전문가의 영역에 해당하는 부분이 가격대는 크지만, 전문가를 필요로 하는 사람들은 소수이고 홈퍼니싱에 관심 있는 이용자가 훨씬 더 많기 때문에 상품 판매가 수익에서 더 많은 부분을 차지하는 것이다.

그리고 판매되는 제품이 어떻게 사용되는지 보여주고, 소비자를 끌어들이는 것이 바로 오늘의집이 가진 핵심 가치인 온라인 쇼룸이다. 사실 이케아나 무인양품처럼 가구나 일상생활 전반의 소품을 파는 매장에 가도 브랜드만의 제품으로 꾸며놓은 쇼룸을 구경할 수 있다. 게다가 오늘의집에 공개되는 집들은 잡지나 화보에 나오는 호화로운 집이 아니다. 예쁜 소품들이나 가구 배치, 포인트 도배 등을 이용해 잘 꾸몄다는 생각이 들지만 결국 흔한 집 구조의 이웃집일 뿐이다. 그런데 어떻게 일반인이 올린 사진이 구매로 쉽게 연결될 수 있는 걸까?

특정 브랜드가 운영하는 쇼룸은 브랜드 이미지를 각인시키기 위해 전반적인 톤을 중시한 디스플레이를 보여준다. 예쁘게 꾸미긴 했지만 막상 집에 놓을 생각을 하면, 어디에 놓을지 고민하게 되거나 집의 분위기와 맞지 않아 포기하게 된다.

반면 오늘의집 이용자들이 자발적으로 만든 온라인 쇼룸은 분위기나 스타일이 각양각색이다. 게다가 단일 브랜드에서 상업적으로 만들어낸 쇼룸에서는 구현하기 힘든 생활감이 살아 있다. 학교 선생님부터 디자이너, 직장인, 영화감독 등 다양한 삶과 직업을 가지고 취향이 다른 사람들이, 자신만의 스타일로 꾸미고 실제로 생활하고 있는 집을 보여주기 때문이다. 이들이 올린 이미지를 보면서 저 정도면 나도 꾸밀 수 있겠다는 자신감이 들면 자연스럽게 구매로 이어지는 것이다.

또한 오늘의집 온라인 쇼룸은 여러 브랜드를 개인의 취향에 맞추어 조합하기 때문에 이용자의 취향에 맞는 제품을 찾기가 더욱 쉽다. 이처럼 많은 이용자의 경험이 반영된 '크라우드 쇼룸'의 가치는 가격으로 매길 수 없을 정도로 크다. 크라우드 쇼룸은 이용자의 놀이터인 동시에 판매자에게는 제품을 홍보하는 공간이며, 오늘의집에게는 데이터를 얻을 수 있는 보물창고인 것이다.

"개인의 취향과 라이프스타일에 맞게 만들어놓은 공간이 좋은 집이라고 생각합니다. 하지만 이건 2~3단계이고요. 1단계는 변화를 느끼는 것입니다. 다른 사람이 올린 사진을 보고 따라서 가볍게 조명이나 이불, 커튼을 바꾸는 것만으로도 공간이 좋아지고 내 감정이 변한다는 것을 해보지 않으면 느낄 수 없습니다. 오늘의집에 사진을 올려주시는 이용자는 2~3단계의 분들인 거고요. 저희는 좀 더 많은 분들이 오늘의집을 통해 1단계를 경험하고, 자기만의 공간을 만들어가길 바랍니다."

오늘의집이 지향하는 목표는 이용자가 좀 더 편하게 상품을 구매하고 선택할 수 있는 플랫폼을 만드는 것이다. 이를 위해 다른 쇼핑몰로 이동하지 않고도 앱 안에서 바로 상품을 구매할 수 있도록 했다. 이용자의 클릭 패턴을 분석해 좋아할 만한 가구를 추천하는 알고리즘도 개발 중이다. 향후에는 증강현실AR과 가상현실VR 기술을 도입해 상품을 구입하기 전에 먼저 집에 배치해 기존 가구와 어울리는지 알아보거나, 스크랩해둔 상품만으로 방을 꾸며보는 등 온라인을 통해 가상 구매 경험을 할 수 있도록 하는 기술 개발도 시작했다.

●

이미지로 소통하는 세대를 공략하다

●

2011년 출시된 앱 스타일쉐어는 10~20대 사이에서 패션 앱 1위로 손꼽힌다. 스타일쉐어에서는 앱 이용자들이 본인의 사진을 올리고 스타일 정보와 뷰티 노하우를 공유한다. 회원 수는 350만 명, 하루 업로드 콘텐츠는 1만 개가 넘는다. 또한 앱을 통해 1300여 개 브랜드의 쇼핑까지 한 번에 즐길 수 있다.

패션 전문가도 아닌 일반인이 자신의 스타일을 찍어서 올리고, 다른 사람이 올린 스타일 사진에 관심을 보이는 이유는 무엇일까? 이들에게 패션은 대화의 매개체다. 나만의 노하우를 공개하면서 타인에게 정보를 전달하고 공감받는 과정을 통해 소속감과 존재감, 즐거움을 느끼는

Keyword

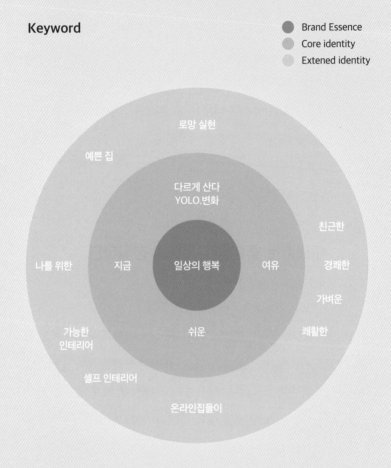

로망 실현

예쁜 집

다르게 산다
YOLO.변화

친근한

나를 위한   지금   일상의 행복   여유   경쾌한

가벼운

가능한
인테리어   쉬운   쾌활한

셀프 인테리어

온라인집들이

오늘의집은 이용자가 그들에게 무엇을 원하는지를 파악하고, 이를 브랜딩으로
어떻게 실현시킬 수 있는지를 연구하기 위해 키워드로 도식화시켰다.

것이다. 싸이월드, 페이스북, 인스타그램 등 과거 성공했거나 현재까지 승승장구하는 SNS의 공통점은 개인의 개성을 표현하거나 과시하고 싶은 심리를 효과적으로 활용했다는 데 있다.

오늘의집 역시 같은 맥락에서 이용자들의 인정욕구를 건드린다. 그 표현 대상이 집이라는 것이 다를 뿐이다. 게다가 집은 옷보다 더 SNS 플랫폼에 적합하다. 사실 패션 아이템은 외출을 하면 사람들에게 스타일을 보여줄 수 있다. 하지만 집은 직접 초대하지 않으면 자신이 어떻게 꾸몄는지를 보여줄 수가 없다. 집은 사적이고 은밀한 공간인 만큼 폐쇄성이 강한데, 그럼에도 자신의 스타일을 보여주고 싶은 욕구가 있기 때문에 온라인에 사진을 찍어서 올리는 것이다. 앞에서도 언급했듯이 인스타그램에 '#집스타그램, #방스타그램'이라는 해시태그가 붙은 글은 수십만에서 수백만에 달한다. 멋스러운 소파와 카펫으로 꾸며진 거실, 카페 같은 분위기의 부엌 등을 공개하는 사람이 늘고 있는 것이다.

이는 보는 입장에서도 마찬가지다. 다른 사람의 공간을 보는 것은 쉽지 않기 때문에 그만큼 호기심을 자극한다. SBS 〈미운 우리 새끼〉, MBC 〈나혼자 산다〉, KBS 〈슈퍼맨이 돌아왔다〉 등 연예인의 일상을 관찰하는 예능 프로그램에서 반드시 등장하는 것이 바로 출연자 혹은 출연자와 친한 연예인의 집이다. 이런 관찰 예능이 인기를 끄는 이유가 출연자의 내밀한 이야기를 듣는다는 것뿐 아니라 그들의 집을 훔쳐보는 재미가 있기 때문이라는 분석이 있을 정도다. 오늘의집은 이러한 인정욕구와 호기심을 자극해 사람들을 끌어모으고, 그들이 공간을 꾸미고 공유하는 즐거움을 느낄 수 있도록 했다.

오늘의집은 이용자가 실시간으로 콘텐츠를 올리는 플랫폼인 만큼 이용자의 니즈와 소비 패턴을 파악하고, 이에 대해 빠르게 대응하여 상품을 구성할 수 있다는 장점도 있다. 실제로 오늘의집의 거래 품목이나 판매량을 보면 이용자의 특징과 변화를 살펴볼 수 있다.

현재 오늘의집을 가장 많이 이용하는 연령층은 25~35세다. 이들 세대의 소비 패턴의 특징은 온라인이나 모바일에서 가격 비교를 하고 가성비 높은 상품을 사는 데 익숙하다는 것이다. 또한 자라ZARA, 망고MANGO, H&M 등 SPA 브랜드에서 예쁜 옷을 사서 한두 시즌만 입는 빠른 소비 사이클을 보인다. 그런 만큼 가구도 온라인에서 사는 게 자연스럽고, 오래 쓸 수 있는가보다 자신의 취향과 스타일에 맞는지를 더 중요하게 생각한다. 오히려 비싸지 않으니까 제품의 질을 크게 따지지 않는 대신 지금 당장의 내 기분과 상태를 대변할 수 있는 것을 사고, 마음이 바뀌면 다시 새로운 것을 살 수 있는 것이다. 실제로 오늘의집에서도 중저가 제품들이 더 잘 팔리는 경향을 보인다.

또한 사업 초기만 해도 오늘의집은 신혼 가구를 위주로 이벤트나 상품을 기획하는 경우가 많았다. 하지만 지금은 1인가구 콘텐츠가 많아져서, 관련 상품의 수나 판매량도 크게 늘었다. 이처럼 소비자의 니즈를 바로 파악할 수 있다는 것은 급격히 변화하는 시장에서 큰 장점이다.

먼저 사람이 모이게 하라

SNS는 업로드나 가입비용이 들지 않는다는 점에서 오늘의집 같은 소규모 스타트업에게 시간과 노력만 있으면 얼마든지 홍보할 수 있는 장을 제공한다. 오늘의집 론칭 이후 버킷플레이스 멤버들은 일일이 SNS를 뒤져 예쁜 집 사진을 올린 유저들을 찾았다. 댓글로 "예쁜 집 사진 잘 봤습니다. 혹시 오늘의집 사이트에 사진 공유해도 될까요?"라고 묻고, 허락을 받아 오늘의집으로 사진을 옮겼다.

SNS에 올릴 사진을 찾기 위해 발로 뛰는 것도 게을리하지 않았다. 오늘의집 직원들은 직접 서울 강남, 홍대 일대 카페나 로드샵을 돌아다니며 예쁘게 인테리어가 된 가게를 찾았고 "혹시 오늘의집 이용하실 생각 없나요?"라고 물으며 홍보하기도 했다.

2015년, 이케아의 한국 진출은 오늘의집에게 큰 기회였다. 오늘의집 멤버들은 노트북 하나만 들고 매일 광명 이케아로 출근했다. SNS에 "저희 이케아에 있습니다. 질문 받습니다"라고 글을 올리자 "○○ 제품 있나요?" "이케아 사람 많나요?" 등의 질문들이 수십 개씩 올라왔다. 일일이 대답해주며 인테리어에 관심이 많은 이용자들에게 오늘의집을 알리고 오늘의집 SNS를 활용하도록 유도했다. 한 마디로 발로 뛰는 마케팅 전략이었다. 시간도, 노력도 많이 필요했지만 찬찬히 오늘의집 이용자들을 늘려가는 데는 이만한 방법이 없었다.

"초기에 2~3년간은 거의 수익이 없는 상태에서 버텼습니다. 이 사업은 데이터가 쌓일 때까지 버텨야 하는 부분이 있습니다. 그런 점에서 진입장벽 아닌 진입장벽이 있는 거죠."

역전의 기회는 반드시 온다

이승재 대표는 스타트업 경력만 10년이 넘는다. 그에게 후배 벤처 기업가들한테 해주고 싶은 말을 물었더니 다음 한마디가 돌아왔다.

"스타트업은 망할 때까지 망할 것 같다."

어떤 스타트업은 곧 망할 것처럼 되게 어렵다고 하면서도 나중에 보면 대박이 난다. 또 어디는 잘된다고 소문이 났는데도 나중에 보면 망한다. 스타트업은 하이 리스크 하이 리턴High-risk high-return이다. 아이템이나 창업 멤버만 보고는 승패를 알 수 없다.

오늘의집도 마찬가지라고 전한다. 지금이야 계속해서 이용자가 들어오고 투자도 받으니 망할 것 같지 않지만 긴 시간을 보면 장담할 수 없다는 것이다.

기업 운영은 롤러코스터를 타는 것과 같다. 특히 시장이나 주변 상황이 너무 빨리 바뀌니 조금이라도 뒤처지는 순간 영원히 뒤처질 수 있다. 이에 대한 걱정, 두려움, 절망을 떨치기가 힘들다. 그럼에도 최선을 다해서 버티다 보면 또 역전의 기회는 생기기 마련이다. 그러니까 계속 버티면 된다는 것이다.

이승재 대표 역시 항상 이러한 두려움을 마주해왔다. 오늘의집 서비스를 출시한 뒤에 만나는 사람마다 "정말 좋은 서비스다" "대박날 것 같다"는 말을 많이 들었다. 경쟁 업체가 많지 않았고 시장 자체가 커질 것이 명확했기 때문이다. 하지만 이용자 수가 늘어나는 데는 한계가 있었다. 야심차게 커머스 서비스를 시작했지만 헤비 유저가 좀처럼 늘어나지 않아 매출도 정체 상태에서 벗어나지 못했다. 회원 한 명, 인테리어 샘플 하나를 더 얻기 위해 발품을 팔았다. 지인들에게 "댓글 달아주라" "예쁜 인테리어 사진 좀 찍어서 올려달라"고 부탁하기도 수십 번. 하루하루 투자금은 떨어졌고 맴버들은 대학교 구내식당에서 점심을 해결하며 버텼다.

이렇게 2년을 묵묵하게 버틸 수 있었던 건 시장에 대한 확신 때문이

"아무리 망할 것 같아도 진짜 망할 때까지
최선을 다해서 버티다 보면 또 역전의 기회가 오거든요.
그러니까 계속 버티는 게 결국 답인 것 같아요."

_이승재 버킷플레이스 대표

었다. 부동산이든 주식이든 장기적으로 보면 우상향하는 것처럼, 우량주를 골라 묵묵히 버티다 보면 언젠가 빛을 볼 수 있다는 믿음 말이다. 서비스를 이용해본 사람들의 평가가 긍정적이고, 조금씩 입소문이 퍼지고 있다는 것도 긍정적인 신호였다. 그렇게 2년, 그 어떤 후발 주자도 따라오지 못할 만큼 데이터베이스를 갖춘 뒤에는 오늘의집 성장에도 가속도가 붙었다.

시장에 대한 믿음과 끈기를 바탕으로 버텨낸 오늘의집의 존버 정신은 시간이 갈수록 가치가 높아지는 원목 가구처럼, 지금의 성공의 바탕이 됐으며, 사업을 지속하는 힘이 될 것이다.

하우즈

houzz

미국, 영국 등에서는 단독 주택을 직접 짓거나 수리하는 문화가 일반적이다. 그래서 우리나라보다 인테리어 산업이 발전돼 있으며, 관련 분야의 스타트업 규모도 훨씬 크다. 그중에서도 2008년 미국 캘리포니아에서 시작한 스타트업 하우즈houzz는 창업 9년 만에 40억 달러(원화 4조 2500억 원)의 가치를 인정받는 유니콘 기업으로 성장했다.

하우즈의 공동창업자는 부부인 아디 타타코Adi Tatarko와 알론 코헨Alon Cohen이다. 이들은 구입한 집을 리모델링하는 과정에서 원하는 샘플 사진을 찾거나 인테리어 전문가를 찾는 게 쉽지 않다는 것에 실망했다. 그래서 인테리어가 필요한 사람과 전문가를 이어주고, 인테리어 관련 아이디어를 제공하는 하우즈를 설립했다.

하우즈는 잘 꾸며진 집의 사진을 올리고 공유한다는 점에서는 오늘의집과 유사하다. 다만, 하우즈의 경우는 자신의 집 사진이 아니더라도 나중에 하고 싶은 인테리어 사진을 올려도 상관없다. 말 그대로 인테리어 아이디어를 공유하는 플랫폼이기 때문이다. 그리고 이용자가 사진 중에 마음에 드는 것을 선택하고 살고 있는 지역과 예산 등을 적어 요청하면 하우즈는 인테리어 전문가와 연결시켜준다. 즉, 최대한 많은 인테리어 사진을 모아놓고, 그것을 잘 분류해서 이용자가 상상하는 이미지에 가장 가까운 것을 찾을 수 있게 하고, 선택한 이미지를 이용자의 집에 구현시킬 수 있도록 돕는 것이 하우즈의 서비스인 것이다.

하우즈의 또 다른 특징은 영국, 프랑스, 일본 등 14개국에 진출해 데이터량이 방대하다는 것이다. 다양한 국가의 이용자들이 사용하므로 국가나 지역별로 독특한 집의 구조와 인테리어 사진들도 볼 수 있다. 사진을 매개로 해서 인테리어 정보를 공유하는 커뮤니티로 발전한 하우즈는 인테리어 디자인 업계의 페이스북이라고 불리기도 한다. 실제로 하우즈의 월 이용자 수는 4000만 명에 육박하며, 등록된 인테리어 업체는 150만 곳이 넘는다.

2017년 하우즈는 3D 이미지 기능을 도입했다. 사용자가 가상의 가구, 소품, 액세서리 등을 방에 배치해보고 구입하기 전에 내 집에 어울리는지 테스트해볼 수 있는 기술이다. 기존의 '뷰 인 마이 룸View in my room' 서비스는 평면에 가구를 배치할 수 있었다면, AR을 도입해 더욱 사실적인 예측이 가능해졌다. 기존의 2D 서비스를 인테리어 구매자의 절반 이상이 사용했던 만큼 새로운 AR 기술이 발달할수록 더욱 많은 이용자가 이 기술을 통해 제품을 구매할 것이라고 전망했다. 하우즈가 선보여온 기술들은 오늘의집에서 구현하고자 하는 기술과 방향을 같이한다는 점에서, 오늘의집의 미래를 엿볼 수 있다.

SNS의
소통과 감성을
O2O 플랫폼에 담다

───── 재구매율 80%, 1억 매출 작가를 배출한 핸드메이드 마켓 ─────

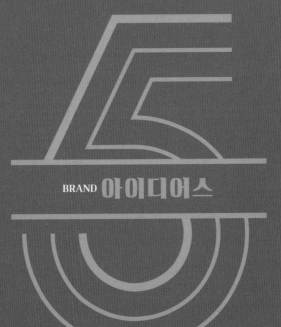

BRAND 아이디어스

idus
Unique Lifestyle Guide

설립 **2012년 11월 19일**

직원 수
45명

입점 작가 수
7700여 명

판매 작품 수
12만여 개

누적 거래액
1100억 원

앱 다운로드 수
500만 건

월간 이용자 수
180만 명

1개월 내 재구매율
80%

(2019년 2월 기준)

밀레니얼 모멘트가 온다

1980년대 초반에서 1990년대 중반에 출생한 일명 '밀레니얼millennial 세대'가 소비의 지배 세대가 되면서 나만의 물건을 찾는 가치 소비 경향은 더욱 뚜렷해졌다. 〈파이낸셜타임스〉에 따르면 밀레니얼 세대의 규모는 세계 인구의 4분의 1 수준인 18억 명에 달한다. 인구 비율이 높은 만큼 이들의 소비력 비중 역시 증가하고 있다. 밀레니얼 세대의 소비 선호에 따라 세계 산업 구조의 판도가 바뀔 것이라는 전망도 나오고 있다.

밀레니얼 세대의 소비 성향은 기존의 대기업 위주의 네임밸류에 따른 소비 성향과는 분명한 차이가 있다. 그들은 수공예 브랜드, 유기농, 착한 브랜드 등을 선호한다. 여기서 눈여겨볼 시장이 바로 수공예다.

전 세계 수공예 시장의 규모는 110조 원에 달한다. 그리고 그 산업 규모는 점점 커지고 있다. 우리나라의 수공예 시장 규모 역시 마찬가지다. 문화체육관광부에서 실시한 〈공예 산업 실태조사〉에 따르면 2011년 국내 공예 산업 전체 매출 규모는 9200억 원에 불과했지만, 2015년에는 3조 5000억 원으로 불과 4년 만에 3.5배 이상 증가했다. 종사자 수도 같은 기간 2만 9000명에서 6만 7000명으로 2배 넘게 늘었다. 밀레니얼 모멘트가 본격화되면서 시장 규모는 더욱 성장할 것으로 보인다.

　이러한 수공예 시장을 파고든 서비스가 아이디어스다. 아이디어스에 입점한 수공예 작가들은 7700여 명이며, 12만여 개의 작품이 판매되고 있다. 아이디어스가 국내 수공예 시장을 이끌면서 함께 성장하고 있다고 해도 과언이 아니다. 영세했던 수공예 작가들은 아이디어스에 입점하면서 인생 2막을 열었다. 월 거래액이 수천만 원이 넘는 작가가 다수일 뿐 아니라, 최근에는 월 거래액 1억 원을 달성한 스타 작가까지 등장했다.

　판매자의 매출 증가는 곧 플랫폼인 아이디어스의 성장으로 이어졌다. 아이디어스의 수익은 판매 수수료에서 나오기 때문이다. 수공예 작가들은 심사를 거쳐 입점하고 수수료 계약을 맺는다. 사업 초기에는 인프라 구축을 위해 월정액 5만 5000원에 입점 유치를 하기도 했지만, 2018년 1월부터는 판매액의 1%를 수수료로 받기 시작했고, 그 이후 매달 1%씩 수수료를 올려 2019년 3월 현재 판매액의 15%를 최종 수수료로 받고 있다. 수공예 시장의 성장에 발맞춰 아이디어스는 누적 거래액 1100억 원(2019년 1월 기준)을 돌파하며 승승장구 중이다.

"당신이 사용하는 제품이 당신의 가치를 말해줍니다"라는 메인 카피는 아이디어스가 밀레니얼 세대를 얼마나 이해하고 그들을 어떻게 플랫폼으로 끌어들일 수 있었는지를 잘 보여준다.

하나밖에 없는
핸드메이드 작품을
만나보세요!

손으로 **직접 만든**
모든 것들이 있습니다.

소중한 내 피부
뷰티 아이템

군침 도는
수제 먹거리

생활을 책임질
라이프스타일

스타일 완성
패션 아이템

시선고정
악세서리

여자친구
취향 저격 선물

품격을 높여줄
가죽 작품

어디서 샀지?
멋 아이템

내방 속 향기
소이 캔들

즐겁게 즐기자
전통주

든든한
가구 소품

세상 소중한
반려동물 용품

당신이 사용하는 제품이
당신의 가치를 말해줍니다.

www.idus.com

자발적으로 더 비싸게 사는 플랫폼

"SNS 시스템은 사업을 구상했을 때부터 무조건 도입해야 한다고 생각했습니다."

감성의 시대다. 미래학자 리처드 A. 스웬슨은 "문명의 진보는 사람들의 여유를 앗아가기 마련"이라고 말한 바 있다. 기술의 발전으로 사람들은 더 바쁘고 빨라진 삶을 살고 있고, IT의 활성화로 사람 간의 교류는 대부분 기기를 통해서 이루어지고 있다.

하지만 인간은 사회적 동물이다. 사회가 차가워질수록 정과 따뜻함에 대한 욕구가 커질 수밖에 없다. 감성 마케팅이 대세로 자리 잡은 이유다. 애플이나 스타벅스가 광고에서 스마트폰의 성능이나 커피의 맛을 강조하지 않고도 최고의 브랜드로 자리 잡았을 수 있었던 것도 감성 마케팅의 힘이다. 시간과 돈을 아끼며 알바와 학업을 병행하는 청년을 비롯해, 감정 노동자, 부모 등 자신을 잊고 사는 사람들에게 전하는 메시지인 '나를 아끼자'란 문구를 활용한 박카스의 TV 광고 역시 좋은 사례다. 이 드링크제가 경쟁사들을 제치고 시장 점유율을 높일 수 있었던 요인으로 감성 마케팅이 적중했다는 분석이 지배적이다. 최근에는 감성 마케팅의 한 종류로 따뜻함과 공감을 강조하는 '웜 마케팅warm marketing'이란 용어도 빈번하게 사용되고 있다.

이러한 흐름에 발맞춰 아이디어스는 아예 플랫폼에 감성을 심었다. 바로 SNS 시스템과의 결합이다. 이는 아마존, 이베이 등 일반적인 대형 오픈마켓 플랫폼과는 다른 형태다. 기존의 오픈마켓 플랫폼에도 문의나 리뷰 게시판이 있지만, 대부분 배송이나 환불 문의가 많고, 이에 대한 입점 기업의 대응은 복붙(복사-붙여넣기)한 답변이 대부분이었다.

하지만 아이디어스에서는 작가와 고객이 보다 친밀하게 소통할 수 있는 시스템을 마련했다. 수공예 작가는 판매 페이지에 SNS를 사용하듯 자신의 근황이나 작업실 사진, 작품 관련 동영상 등을 게시할 수 있다. 새로운 작품을 소개하고 쿠폰이나 할인 이벤트를 공지하거나 앱 푸시 알람을 보낼 수도 있다. 고객은 작가의 스토리나 동영상에 '좋아요'를 누르거나 댓글을 달 수 있다.

SNS 시스템의 도입은 판매자와 구매자의 지속적인 소통에 도움을 주고, 상품 판매와 구매의 피드백에서도 차이를 불러왔다. 고객은 마음에 드는 작가를 팔로어하며 새로운 소식을 지속적으로 받을 수 있고, 작가는 자신의 팔로어를 단골 고객으로 인식해 꾸준히 소통하려고 노력한다. 그런 과정에서 작가는 고객에게 후기를 격려하는 이벤트를 진행해 직접적으로 피드백을 이끌어낼 수도 있고, 고객의 후기가 작가의 다음 작품에 영향을 미치기도 한다.

아이디어스 앱 메인 메뉴에서 작가들의 스토리와 동영상 타임라인을 볼 수 있다. 또한 작가의 프로필에서 '좋아요'를 누르면 새로운 소식에 대한 알람을 받을 수 있고, 후원을 할 수도 있다. SNS의 시스템을 적극적으로 마켓 플랫폼에 도입한 결과는 성공적이었다.

아이디어스만의 '감성 거래'는 여기서 끝이 아니다. 사회적 관계를 맺는 동시에 판매 품목이 수공예품이라는 특성이 합쳐져 아이디어스에는 일반 오픈마켓 플랫폼과는 다른 거래 패턴이 나타난다. 작가들은 구매자가 구입한 작품에 정성스럽게 쓴 손글씨 편지를 동봉하거나, 자신이 시험 삼아 만든 작품 샘플을 보너스로 껴주기도 한다. 심지어 끼니 잘 챙겨 먹으라며 간식을 보내는 작가도 있다. 구입한 작품 이상의 것을 더 주는 정이 있다.

구매자도 마찬가지다. 구매자는 팬이 아이돌에게 선물을 보내듯 후원을 할 수 있다. 후원금은 100원에서 1만 원까지 선택할 수 있다. 보통 인터넷 시대의 합리적인 소비자들은 가격 비교 사이트를 통해 조금이라도 더 저렴하게 물건을 구매하려는 성향을 띠는데, 아이디어스에서는 반대로 돈을 더 내고 구매하는 현상이 벌어진다. 이는 단순히 판매자와 구매자의 관계를 넘어선 것이라고 할 수 있다. 이처럼 작가와 구매자의 밀접한 관계는 작가가 책정한 작품의 판매 가격을 무색하게 만든다.

아이디어스의 SNS 시스템은 주된 타깃층의 선호를 정확하게 반영했기에 성공을 거둘 수 있었다. 아이디어스의 이용 연령층은 20대에 집중돼 있으며, 그중에서 90% 이상이 여성이다. 이들은 나만의 물건을 구매하고자 하는 밀레니얼 세대이자, IT 기술의 진화와 함께 성장한 세대이기도 하다. 그만큼 SNS에 익숙하고 감성 교류에 대한 욕구가 강하다.

아이디어스의 SNS와 오픈마켓 플랫폼의 결합 형태가 이들에게 강하게 어필되는 이유다.

판매자의 자부심이 마켓에 미치는 영향

"아이디어스 입점 성공기!"

"아이디어스 입점 중인 작가 분들, 입점하고 싶은데 너무 까다롭네요. 입점한 작가가 추천하면 바로 입점할 수 있다는데 추천해주실 분 계신가요?"

포털사이트에 '아이디어스 입점'을 검색하면 흔하게 볼 수 있는 게시물들이다. 수공예 작가들에게 아이디어스는 그만큼 절실하게 입점하고 싶은 플랫폼이다. 11번가, G마켓 등의 오픈마켓이 사업자등록증과 통신판매신고증 등의 기본 서류만 갖추면 입점이 어렵지 않은 것과 비교하면 아이디어스는 입점 절차가 까다롭다. 이는 제품의 질 관리를 위해서이기 때문에 입점 심사 통과율은 20% 수준에 그친다.

아이디어스에 입점하기 위해서는 판매하려는 작품의 제작 과정을 촬영한 사진과 어떤 부분이 수작업인지를 설명한 소개글도 덧붙여야 한다. 아이디어스 입점 심사에서는 작품의 독창성과 표현력을 중요하게 보기 때문에 사진이 중요한 역할을 한다. 그리고 MD, 요리사, 수공예 작가 등 다양한 경력의 직원들이 오랜 협의 끝에 입점 가부를 결정한다. 이처럼 까다로운 바늘구멍 심사가 아이디어스에 입점한 작품의 품질을 보증하는 장치가 되는 것이다.

또한 이러한 입점 과정은 아이디어스 작가들의 자부심을 높이는 역할도 한다. '아이디어스 입점 작가'라는 타이틀을 얻기 힘들다는 입소문이 수공예 업계에 퍼져 있기에 그렇다. 작가의 자부심은 곧 작품의 질로 이어진다. 작가들은 스스로에게 부여된 타이틀의 무게만큼 작품 생산에 열의를 갖는다. 아이디어스는 이에 대한 중요성을 잘 알고 있다. 그래서 작가들에게 여러 특권과 보상을 부여해 자부심을 높여주려 노력한다.

이를 위해 아이디어스는 입점 작가들에게 추천 권한을 부여하는 방식을 도입했다. 입점 작가들은 2명까지 신인 작가를 추천할 수 있는데, 추천을 받은 작가들은 심사 절차를 밟지 않고 입점할 수 있는 자격이 주어진다. 추천 제도는 입점 작가들의 소속감을 높이는 역할도 하고 있는 것으로 보인다.

매주 추천 작가를 선정해 소개하거나 시상식을 여는 것 역시 아이디어스가 입점 작가의 자부심을 높이는 방법 중 하나다. 아이디어스는 2017년부터 2년째 '핸드메이드 어워드'를 개최해 각 분야에서 우수한

아이디어스에서는 작가 서포트의 일환으로 본사에 스튜디오를 두어 사진 촬영을 지원하고 로고나 패키징 디자인에도 도움을 준다. 또한 매년 '핸드 메이드 어워드'를 개최해 작가를 격려하는 활동을 벌이고 있다.

성과를 보인 작가들을 선정해 상을 주며 작가들을 독려하고 있다.

물론 아이디어스 이전에도 수공예품을 파는 플랫폼은 존재했다. 하지만 이들 대부분은 오래 버티지 못하고 폐업의 아픔을 겪었다. 기존의 대형 오픈마켓처럼 작가 수를 늘리는 데만 치중한 탓이다. 많은 수공예품 플랫폼이 사업 초기부터 수백 명의 작가를 입점시켜 야심차게 사업을 시작했지만, 상품의 질이 관리되지 않았다. 수공예품을 찾는 구매자들은 특별한 나만의 물건을 찾는 경우가 많기 때문에 그만큼 작품의 질에 민감한데, 이를 충족시켜주지 못한 것이다.

반면 아이디어스는 초기 입점 작가 수가 60명에 불과했다. 작가를 더 모은 후에 론칭을 할 수도 있었지만, 상품과 작가 관리가 중요하다고 봤기 때문에 초기에 관리할 수 있는 적정한 규모를 고려해 결정했다. 결과적으로 이 생각은 적중했다. 현재 아이디어스의 재구매율은 80%에 달한다. 작품의 희소성과 질이 높아 단골이 되는 구매자의 비율이 높다는 의미다.

오픈마켓 플랫폼에 있어서 입점 업체 관리는 이제 필수 업무가 됐다. 기존의 대형 오픈마켓도 입점 업체 관리에 나서고 있는 실정이다. 꼼꼼한 검증 절차 없이 무분별하게 입점을 시키다 보니 모조품, 일명 '짝퉁' 판매자나, 배송 및 교환, 환불 등의 규정을 지키지 않는 불량 판매자가 속출했기 때문이다. 소비자의 피해 사례가 늘면 늘수록 해당 오픈마켓에 대한 신뢰도와 재구매율은 낮아질 수밖에 없다. 단순히 양만 늘리는

아이디어스는 온라인 마케팅을 중점적으로 진행해온 결과, 고객층이 20대 여성으로
한정된다는 한계를 느꼈다. 백화점 내의 팝업 매장이나, 수공예 매장이 입점해 있는
서울 인사동 쌈지길에서의 오프라인 매장 오픈은 고객층 확대 방안 중 하나다.

것으로는 오픈마켓 플랫폼이 성장할 수 없다. 이에 대한 리스크 관리를 철저히 한 것이 곧 아이디어스의 성장 비결이다.

유니크한 라이프스타일의 안내자

100만 원, 누적 거래액 1100억 원이 넘는 아이디어스를 만든 백패커의 초기 자본금이다. 창업 멤버는 김동환 대표와 김동철 최고기술경영자, 이재군 프로젝트 리더(당시 디자이너)가 전부였다. 김동환 대표는 백패커 창업 전부터 도예를 전공한 사촌동생을 보면서 아이디어스의 사업 아이템을 구상하고 있었다. 하지만 자본금이 100만 원에 불과해 총알이 필요했다.

백패커는 2012년 창업 직후에는 앱을 개발해 판매하면서 자본금을 모았다. 2013년부터 2년간 39개의 앱을 출시했고 우리나라 앱스토어에서 유료 앱을 가장 많이 판매한 회사가 됐다. 이러한 단발적인 앱 판매는 생계를 위한 아르바이트나 다름없었다.

백패커가 핸드메이드 판매 플랫폼인 아이디어스를 오픈한 시기는 회사 설립 후 1년 반이 지나서였다. 많은 스타트업이 그렇듯 시작은 초라했다. 처음엔 작가들조차 입점에 부정적인 반응이었다. 이유는 그동안 작가들이 비슷한 플랫폼을 수없이 겪었고 성공한 사례가 없었기 때문이다. 작가들 입장에서야 다양한 판매 채널이 생긴다는 건 좋은 일이기에 처음 한두 번은 기꺼이 동참했으나, 번번이 얼마 안 가 서비스가 중지된 경험을 겪고 나니 플랫폼에 대한 믿음이 사라진 것이다.

수공예품 플랫폼이라는 아이디어에 대한 자부심이 있었던 만큼 충격은 컸다. 상황을 타개하기 위해서는 작가들에게 아이디어스의 비전과 진정성을 보여주어야 했다. 김동환 대표는 홍대 인근에서 전단지를 돌리고, 스티커를 붙이고, 플리마켓에서 작가들의 잡일을 도와주는 등 발로 뛰는 영업을 했다. 작가들에게 4000통의 이메일을 돌리기도 했다.

그리고 아이디어스가 제일 잘하는 것을 보여주었다. 그것은 모바일 앱이었다. 당시는 2011년 이후 태동한 모바일 커머스 시장의 경쟁이 본격화된 시기였다. 아이디어스는 그동안 수십 개의 앱 개발을 해오던 능력을 살려 바로 모바일 서비스부터 시작했다. 기존의 수공예 판매 플랫폼과 아이디어스의 차이점은 작가가 쉽게 상품을 올리고, 고객과 소통할 수 있는 모바일 플랫폼을 선보인 점이었다.

무엇보다 아이디어스에 들어가면 잘 팔린다는 것을 보여줘야 했다. 그래서 초기 마케팅은 플랫폼 자체보다 입점한 작가들의 작품 위주로 진행했다. 아이디어스가 초기 작가 수를 한정하고, 지금도 역시 작가 수를 신중하게 늘리는 이유 역시 작가에게 가장 좋은 플랫폼이 되기 위

"아이디어는 공공재다.
사업 아이템은 누구나 생각할 수 있다.
그걸 얼마나 잘 구현시키느냐에 대한
실행력이 사업의 승패를 가른다."

_김동환 백패커 대표

김동철 최고기술경영자

이재군 프로젝터 리더

해서다. 작가가 떠나면 결국 플랫폼도 죽을 수밖에 없다는 것을 아이디어스는 누구보다 잘 알고 있는 것이다.

첫 해 6개월 동안 아이디어스의 거래액은 2억 원이었다. 아이디어스는 출시하자마자 사업의 가능성을 본 투자 회사들로부터 투자를 받을 수 있었다. 플랫폼이 입소문을 타기 시작하자 2년차에는 연 거래액이 100억 원으로 뛰었고, 2017년엔 280억 원, 2018년엔 500억 원을 돌파하는 등 매년 200%의 성장세를 보이고 있다.

직원을 먼저 설득할 수 있어야 한다

'청바지를 입은 꼰대'라는 말을 들어본 적 있는가. 최근 우리나라 기업들은 조직 내 비민주적인 행동, 일명 꼰대짓을 하지 말자는 조직 문화 개선 활동을 벌이는 경우가 많다. 그런데 근본적인 인식 개선 없이 무늬만 혁신하는 상사들이 여전히 존재한다. 속으로는 여전히 넥타이를 매고 있는 정장 차림인데, 겉으로만 혁신의 상징인 청바지를 입고 있는 것이다. 실제로 대한상공회의소와 글로벌 컨설팅 업체 맥킨지가 대기업 직장인 2000명을 대상으로 "기업 문화 개선 활동에 대한 효과를 체감하느냐"고 물었더니 10명 중 9명 정도가 "달라진 것이 별로 없다"고 응답했다.

대기업보다 사내 분위기가 훨씬 개방적이라고 알려져 있는 스타트업은 어떨까. 많은 이들이 스타트업은 젊은 조직이라는 이미지가 강하기 때문에 훨씬 자유로울 거라고 흔히 생각한다. 각종 조사에서 많은 직장인과 취업준비생이 스타트업을 다니고 싶은 가장 큰 이유로 '수평적이고 자유로운 조직 문화'를 꼽는 것도 이와 무관치 않다. 적은 급여를 받더라도 즐겁게 일할 수 있는 분위기에서 성과를 인정받는 모습을 그리곤 하는 것이다.

하지만 실제는 다른 경우가 많다. 대기업에 '청바지를 입은 꼰대'가 있다면 스타트업계에는 '짭스병' 환자가 많다. 짭스병이란 검은 폴라티와 청바지, 뉴발란스 운동화를 즐겨 신었던 애플의 CEO, 고故 스티브 잡스를 어설프게 따라 하는 스타트업 CEO를 일컫는 말이다.

잡스는 타고난 창의성으로 애플을 세계적인 회사로 성장시켰다. 동시에 그는 권위적인 리더십으로도 유명했는데, 이를 잘못 모방한 우리나라 스타트업 대표들이 창의성이나 혁신성보다 권위적 리더십만 주로 보여준다는 의미다. "토 달지 마. 그냥 나만 믿고 따라오면 돼" 식의 리더십은 대기업 꼰대 문화와는 또 다른, 조직을 갉아먹는 비민주적인 조직 문화로 손꼽힌다.

짭스병에 걸린 대표를 둔 스타트업 직원들은 당연히 일에 대한 의욕과 조직에 대한 신뢰를 잃을 수밖에 없다. 특히 스타트업은 조직의 규모가 작아 불통의 영향이 더 치명적으로 작용한다. 그렇기에 조직을 성장시키기 위해 스타트업 대표는 합리적이면서 신뢰를 얻을 수 있는 리더십을 갖추는 게 필수적이다. 아이디어스의 김동환 대표의 리더십이 그렇다. 그의 리더십은 '설득의 리더십'이라고 명명할 수 있다.

사업 초기 수익 구조가 명확히 정해지지 않은 상황에서 김동환 대표는 판매되는 작품마다 일정 비율로 수수료를 책정하지 말고, 월 5만 5000원의 정액 수수료를 받자고 제안했다. 작가에게 부담을 줄여 창작 활동에 더 집중할 수 있도록 하고, 수익이 큰 스타 작가를 탄생시킴으로써 시장을 확장시키자는 전략이었다. 하지만 직원들은 쉽게 동의하지 않았다. 가뜩이나 불안정한 스타트업 생태계에서 적은 수익은 조직을 유지하는 데 불안 요소로 작용할 여지가 크기 때문이었다.

김동환 대표는 고민했다. 그리고 자신의 방안이 가져올 긍정적인 결과를 구체적인 자료와 수치를 제시하며 직원들을 설득했다. 구체적인 청사진이 펼쳐지자 조직원들은 대표가 추구하는 방향성을 이해하는 동시에 신뢰할 수 있었다. 이후에도 김동환 대표는 주된 결정 과정에서 구체적인 수치 제시와 합리적인 설득으로 기업을 이끌었다.

"새로 시작할 서비스에 대해서 의문을 제기하니까, 구체적인 수치를 가지고 설득하더라고요. 따를 수밖에 없었죠."

이어 이재군 프로젝트 리더는 "김 대표의 리더십은 조직의 성장 가능성에 대한 확신을 주었다"고 덧붙였다. 대기업과 달리 스타트업은 미래에 대한 전망이 불확실한 경우가 많다. 이는 직원들의 업무 집중도를 낮추고, 잦은 이직을 낳아 조직 유지의 안정성을 낮춘다.

반대로 대표가 구체적인 수치를 통해 비전을 제시하면 미래에 대한 불확실성이 낮아지고 직원들의 소속감과 업무 효율성을 높일 수 있다. 김동환 대표의 설득의 리더십이 아이디어스의 성공에 중요한 요인으로 작용했다고 평가할 수 있는 이유다.

정부의 규제로 휘청거릴 것인가, 지원으로 날개를 달 것인가

기업은 정부 정책에서 자유로울 수 없다. 그런 만큼 정부의 규제에 사업의 방향성이 크게 영향을 받는 경우가 많다. 실제로 정부 규제로 위기에 직면해 언론에 오르내렸던 스타트업은 의외로 많았다. 그중 중고차 경매 서비스를 표방한 헤이딜러는 오프라인 영업장의 시설 구비가 갖춰지지 않으면 불법이라는 규제에 가로막혔다. 뒤늦게 정부가 제도 개선을 약속해 규제가 사라지자 헤이딜러는 사업을 정상화할 수 있었다.

정부의 규제는 아니지만 기존 산업과 이익이 충돌해 사업 방향을 돌려야 했던 스타트업들도 있다. 카풀 서비스를 내세운 풀러스와 새벽 시간에 셔틀버스 운영하는 서비스를 내놓은 콜버스가 그렇다. 이들은 택시, 버스 등 운송업계의 강한 반발에 가로막혔다. 이후 풀러스는 구조조정, 대표의 사임 등으로 위기를 겪었고, 콜버스는 임대 버스 사업으로 방향을 돌려야 했다. 아이템을 고를 때 사회적인 추세를 고려해야 하는 이유다.

반면, 잘나가는 스타트업은 대부분 정부가 지원하는 사업 분야와 방향성이 같은 경우가 많았다. 수공예 업계 역시 정부의 지원을 등에 업을 수 있는 분야로 분류된다. 문화체육관광부는 2017년 12월, '공예문화산업 진흥 기본계획(2018~2022년)'을 발표했다. 2015년에 제정된 '공예문화산업 진흥법'에 따른 계획으로 국내 공예 산업을 살리기 위한 실질적인 첫 번째 국가적 계획이다. 문화체육관광부는 계획안에서 공예 산업 공급 기반 강화, 공예 인력 양성 및 창업 지원, 공예 유통 활성화와 시장 창출, 공예 문화의 확산, 공예 문화 산업 정책 추진 체계 정비 등을 핵심 추진 전략으로 밝혔다. 적극적인 정부 지원과 주요 소비층의 관심이 겹쳐 수공예 시장은 지속적으로 성장할 것으로 보인다.

그런 만큼 시장 내 경쟁이 치열해지고 있다. 대기업은 시장 검증이 끝나면 본격적으로 진입을 시작한다. 이미 카카오에서 '카카오메이커스' 서비스를 내놓아 급속하게 성장하고 있고, 네이버 역시 수공예품 판매 페이지를 마련한 상태다. 독자적인 수공예품 판매 플랫폼도 계속 늘어나고 있다. 시장 규모가 커지는 만큼 경쟁사가 많아지고 있어 신규 진입을 위해서는 기존 서비스와는 다른 차별화된 장점이 있어야 할 것이다. 아이디어스가 SNS 시스템을 플랫폼에 결합한 사례가 대표적이다.

물론 시장에서 선두권을 달리고 있는 아이디어스 역시 시장 장악력을 높이고, 지속적으로 성장하기 위해 풀어야 할 숙제가 있다. 바로 고객층의 확대다. 아이디어스의 경우 수공예품 거래 플랫폼의 특성상 젊은 여성들이 주된 고객이다. 제한된 고객층은 명확한 사업 타깃 설정으로 그동안 아이디어스가 지속적으로 성장하는 데 도움을 주었다. 그렇지만 이러한 특성은 어느 정도 사업이 성장한 이후부터는 앞으로의 발전에 한계를 가져오는 요인으로 작용할 가능성이 높다.

이에 아이디어스는 남성 고객의 유입을 위해 판매 물품을 다양화하고 있다. 그동안 쌓인 남성 고객들의 선호 데이터를 분석해, 가죽 제품, 수제 술 같은 인기 품목을 선별해 관련 판매자들을 적극 섭외하고 있다. 또한 수제 쿠키나 비누 등 중년 여성 고객에게 인기가 높은 품목의 섭외에도 노력을 기울이고 있다. 아이디어스가 성별과 세대를 아우른 고객의 지지를 받는다면, 명실상부한 우리나라 대표 핸드메이드 마켓으로 자리 잡을 수 있을 것이다. **idus**

엣시

Etsy

2005년 20대 젊은 목수이자 사진작가였던 로브 칼린은 자신의 목공예품을 인터넷으로 팔고 싶었다. 당시 이베이가 가장 유명하고 보편적으로 이용되는 플랫폼이었지만, 그는 자신이 팔고자 하는 물건은 일반적인 공산품이 아닌 '작품'이기에 좀 더 특별한 사이트를 통해 거래하고 싶었다. 하지만 플랫폼이 없었다. 그래서 직접 만들었다. 수공예품 전문 판매 플랫폼 엣시Etsy의 시작이다. 로브 칼린은 엣시를 열면서 "이 공간을 예술가들의 천국으로 만들겠다"는 각오를 내비쳤다.

엣시의 차별화 전략은 시장의 관심을 끌었다. 당시 미국에는 수공예 작가가 되고자 하는 사람이 많았다. 특히 주부들이 집에서 물건을 만드는 것을 즐겼다. 엣시는 이러한 예비 작가들을 공급자로 끌어들였다. 이들에게는 '엣시안Etsian'이라는 별명을 붙여 소속감도 높였다.

엣시의 성장은 눈부셨다. 2015년 엣시의 기업 가치는 33억 달러, 우리 돈으로 3조 6000억 원을 넘어섰다. 2018년 기준 판매되는 상품만 5000만 개이며, 적극적인 구매자는 3600만 명에 이른다. 2017년 연간 상품 거래액은 우리 돈으로 3조 6000억 원 정도였다. 고용된 직원 수도 744명으로 스타트업의 범주를 넘어선 지 오래다. 엣시의 주된 수입원은 3.5%의 판매 수수료와 거래 완료 시 추가되는 수수료, 출품 비용 등에서 나온다.

사업 초기 틈새시장 공략으로 성장한 엣시는 기술 투자로 제2의 성장을 거뒀다. 2016년에 〈포브스〉는 엣시의 지속적인 성장 비결로 플랫폼 시스템에 대한 적극적인 개발을 꼽았다.

엣시에 등록된 작가와 작품의 규모가 크기 때문에 각각의 정보가 파편화돼 흩어지기 쉽다. 이는 소비자들로 하여금 혼란을 줄 수 있다. 이에 엣시는 소비자가 원하는 상품을 쉽게 찾을 수 있도록 보다 정교한 상품 추천 서비스를 제공하기 위해 기술 개발에 투자를 아끼지 않았다. 그 덕분에 소비자는 엣시에 빠져들고 더 많은 소비를 이끌어내고 있다.

엣시의 롱런 비결은 성공에 안주하지 않고 끊임없이 기술 개발에 투자한 덕분이라고 볼 수 있다.

자발적인 바이럴을
부르는
상품을 서비스하라

300만 원짜리 그림을 3만 9000원으로 내 집에 걸다

BRAND 오픈갤러리

OPEN GALLERY

설립 **2013년 11월 4일**

직원 수
30여 명

누적 투자 유치액
60억 원 이상

초기 펀딩 자본금
5억 원

소속 작가
702명

보유 작품 수
2만 3000여 점

(2019년 1월 기준)

미술을 즐기는 새로운 방식

　2018년 6월 4일, 프랑스 경매 회사 아르퀴리알Artcurial이 주최하는 미술 작품 경매 행사에서 14번째로 고흐의 〈모래언덕에서 그물을 수선하는 여인들〉이 등장했다. 행사장은 들썩였고 200만 유로(원화 25억 원)에서 시작된 경매 금액은 순식간에 올라갔다. 초당 20만 유로씩 가격이 뛰었다.

　경매 전 예상 낙찰 금액은 300만~500만 유로였다. 하지만 실제 낙찰가는 예상 금액을 훌쩍 넘은 600만 유로에 달했다. 고흐의 작품을 포함해 이날 경매에 나온 작품 57점의 평가액은 총 2368만 유로였다. 우리 돈으로 300억 원에 이르는 금액이 미술품 거래에 쓰인 것이다. 순식간에 수백억 원이 오가는 말 그대로 부유층의 '쩐의 전쟁'이었다.

　이렇게 미술품은 부자들의 사치품 혹은 투자 상품이라는 인식이 컸다. 보통 사람들은 전시회를 통해서나 접할 수 있을 뿐, 집에 들여놓기에는 부담되는 물건이었다. 하지만 우리나라의 경제 수준이 높아지고 생활필수품에 대한 소비보다 문화 소비에 관심이 높아지면서 국내 미술 시장 역시 성장을 거듭하고 있다.

　문화체육관광부의 조사에 따르면 국내에서 거래되는 작품 수는 2012년 2만 6800여 건에서 2016년 3만 3300여 건으로 24%가량 늘어났다. 거래 금액 역시 같은 기간 3200억 원에서 3900억 원대로 22% 높아졌다. 지속적인 우상향 그래프를 그리고 있는 것이다.

이러한 시장 상황에서 한국뿐만 아니라 세계에서도 선례를 찾기 힘든 서비스가 미술 시장에 등장했다. 바로 미술품 렌털 서비스를 제공하는 오픈갤러리다. 오픈갤러리는 중진부터 신인까지 다양한 작가들의 작품을 고객에게 일정 비용을 받고 빌려준다. 렌털 비용은 한 달에 3만 9000원부터 크기가 커질수록 가격이 올라간다. 물론 그림을 판매하기도 한다. 사실 매출의 50% 정도가 그림 판매에서 나오는데, 그림을 렌털한 고객 중 1~3%가 실구매로 이어진다. 즉, 렌털 서비스를 통해 미술품에 대한 고객의 관심을 높인 후 구매로 연결시켜 큰 매출을 올리는 비즈니스 구조인 것이다. 이용 고객은 개인이 80%, 법인이 20% 정도다.

이외에도 오픈갤러리는 국내 유수의 대기업을 대상으로 한 아트 마케팅 대행 활동을 통해 수익을 올리고 있다. 대기업의 경우 VIP 고객을 위한 차별화된 서비스가 필요하다. 특히 미술은 창의적이고 고급스러운 활동이라는 이미지가 강해 VIP 고객 사이에서도 선호도가 높은 편이다. 하지만 일반 기업에서 관련 서비스를 직접 준비하고 진행하기에는 어려움이 있다.

그래서 많은 큐레이터 및 작가진과 연결되어 있는 오픈갤러리가 VIP 서비스를 대행해주는 것이다. VIP 고객을 대상으로 작가가 미술 강의를 하거나 큐레이터가 전시회에 동행해 작품 해설을 하는 등의 방식이

"좋아하는 것과 돈을 쓰는 것은 다른 개념입니다.
특히 사람들은 미술은 좋아하지만 미술품을 사본 경험이 없고,
집에 걸어본 경험이 없었습니다.
그래서 좋아하는 것에 투자하는 방법을 알려주는 방식을 택했고,
이는 초기 성장이 크지 않지만 중장기적으로
크게 성장할 수 있는 비즈니라고 믿었습니다."

다. 이러한 아트 마케팅 대행 비즈니스는 대기업과의 협력 관계를 강화할 뿐 아니라, 대기업의 VIP 고객에게 오픈갤러리를 홍보하는 효과도 거두고 있다.

창업한 지 5년이 지난 오픈갤러리는 국내 유일의 그림 렌털 서비스 업체라고 해도 과언이 아닐 정도로 시장에서 독보적인 위치를 차지하고 있다. 그동안 20여 곳의 유사 업체가 생겨나기도 했지만, 오픈갤러리와의 경쟁을 버텨내지 못하고 대부분 폐업했다. 그에 반해 오픈갤러리는 2018년 투자사로부터 40억 원을 유치하는 등 업계에서 여전히 높은 성장 가능성을 인정받고 있다.

불황을 먹고 크는 시장

청년 실업률 최고, 자영업자 폐업률 최고, 예적금 중도 해지율 최고, 1500조 원의 가계부채 등 뉴스에서 쏟아내는 각종 경제 관련 통계 수치는 대한민국의 경제 상황이 결코 낙관적이지 않다고 말한다.

반면 불황을 발판으로 성장하는 시장이 있다. 바로 렌털rental 시장이다. 성장의 이유는, 역설적이게도 소비 시장이 얼어붙었기 때문이다.

비싼 제품을 사서 쓰는 것보다 필요한 때만 빌려서 쓰자는 수요가 늘어나는 것이다. 실제로 렌털 시장 규모는 해가 지날수록 급속히 성장하고 있다. 2012년 4조 6000억 원 수준이었던 B2C 렌털 시장 규모는 6년 만에 약 13조 원으로 3배 정도 커졌다. 일부 경제 연구 기관은 2020년 렌털 시장이 18조 5000억 원으로 연평균 20% 이상 성장할 것이라는 장밋빛 전망을 내놓기도 했다.

'음식 빼고 다 빌린다'는 우스갯소리가 나올 정도로 렌털 시장은 규모의 성장만큼이나 분야도 다양해지고 있다. 우리나라 렌털 사업의 시초는 정수기다. 불황을 토대로 성장하는 사업답게 정수기 렌털 사업은 IMF 외환위기 때부터 급격하게 커지기 시작했다. 고가의 정수기 판매가 부진하자 렌털로 사업 방향을 돌린 것이 주효하게 작용한 것이다. 이외에도 비데나 자동차 등이 1세대 렌털 사업 아이템으로 분류된다. 이후 소비 트렌드가 대여로 바뀌면서 렌털의 영역은 레저 용품이나 헬스케어 용품 등으로 다양해졌다.

최근 렌털 시장의 범위는 드론, 스마트워치 같은 웨어러블 기기 등 라이프스타일과 관련된 취미 용품으로까지 확장됐다. 이 역시 핵심 소비 트렌드인 소확행의 영향을 받았다고 볼 수 있다. 행복을 얻을 수 있는 물품이지만 사기에는 경제적으로 부담되는 용품을 빌려서 이용함으로써 행복을 추구하는 소비자가 늘고 있는 것이다.

서로 다른 시장의 교집합에서 블루오션을 찾다

오픈갤러리가 성공할 수 있었던 첫 번째 이유는 블루오션, 즉 무경쟁 시장으로 진출했기 때문이다. 오픈갤러리가 처음 등장했을 때만 해도 시장에는 '미술품 렌털 서비스'라는 게 전무했다. 박의규 대표가 창업을 준비하기 전 미술, 경영 등을 전공한 100여 명의 지인들에게 성공 가능성에 대해 인터뷰했을 때 회의적인 반응이 나온 것도 전례가 없기 때문이었다. 너무 생소한 사업이라 성공하기 어렵지 않겠느냐는 의견이 지배적이었다.

박의규 대표는 미술 시장의 가능성을 인테리어 시장에서 찾았다. 통계청에 따르면 2014년 10조 원대 규모였던 인테리어 시장은 3년 만에 12조 원대 규모로 20% 넘게 성장했다. 2023년에는 18조 원대에 이를 것으로 예상되는 만큼 유망 분야다.

오픈갤러리는 홈데코(home decoration의 줄임말) 영역에서 그림이 중요한 역할을 할 수 있다고 보고, 미술 시장에서 인테리어 시장으로 영역을 넓혔다. 두 개의 서로 다른 시장을 연결시켜 틈새시장을 찾은 것이다.

틈새시장 공략에 성공한 오픈갤러리는 미술품 판매 시장에 도전장을 내밀었다. 현재 미술품 매매 시장은 서울옥션, K옥션 등의 경매 업체가 장악하고 있다. 오픈갤러리는 기존의 미술품 경매 업체가 주로 다루는 최고가의 미술 작품이 아닌, 고가에서 중저가의 작품 판매를 중개하면서 수익을 창출하고 있다. 월 3만 원대의 저렴한 렌털비로 미술품에 대한 접근 문턱을 낮춘 다음, '미술 작품은 비싸다'는 선입견을 깨는 중저가의 작품을 소개해 판매로 이끌어 매출을 늘리는 것이다.

대체로 미술품이라고 하면 상류층의 사치품 혹은 일류 호텔이나 대기업 사옥 로비에 걸려 있는 호화로운 장식품이라는 인식이 널리 퍼져 있다. 앞에서 이야기한 몇 억에 거래되는 명화의 경매 소식이나, 비자금 관련 뉴스와 함께 고가의 미술품이 등장하면서 선입견은 더욱 강해졌다.

하지만 조금 더 깊이 들여다보면 미술품 구매가 진정 값비싼 소비 활동인지 의문이 생긴다. 문화체육관광부가 2016년 발표한 〈2015년 예술인 실태조사〉에 따르면 국내 예술인이 예술 활동을 통해 벌어들인 평균 연수입은 1255만 원에 불과했다.

분야를 세부적으로 나눠보면 '미술' 분야 예술인의 연수입은 전체 평균보다 낮은 614만 원에 그쳤다. 문학에 이어 뒤에서 두 번째인 수치다. 미술 활동만으로는 최소한의 생계도 유지하기 힘들다. 가난한 예술인의 안타까운 자살 사례가 심심찮게 알려지는 이유도 이 때문이다. 이렇게 가난한 미술가가 많은데, 미술품 구매가 일부 계층의 사치스러운 취미로 여겨지는 것은 앞뒤가 맞지 않아 보인다.

이런 점에서 오픈갤러리의 성공은 전시 공간이나 판매 루트를 찾기

"미술품은 명품 가방이 아닙니다.
특히 일반인은 미술품에 덜컥 큰돈을 쓰기가 힘듭니다.
그러니 렌털로 부담 없이 미술에 접근하고
인식을 바꾸는 방법을 생각한 거죠."

힘든 국내 미술가에게 하나의 가능성을 열어주었다는 데 의미가 크다. 미대생 사이에서도 오픈갤러리는 유명하다. 실제로 오픈갤러리 소속의 큐레이터는 대학에 재학 중일 때부터 SNS를 통해 오픈갤러리를 접해 입사하게 되었다고 한다. 이는 미술인에게 생산자로서 설 자리를 만들어주었을 뿐 아니라, 직업으로서의 선택지를 넓혀준 것이다.

이런 점에서 〈포춘 코리아〉는 '2016년 대한민국 CEO 대상' 가치경영 부문에 박의규 대표를 선정했다. 오픈갤러리 서비스가 고객에게는 미술에 대한 심리적, 금전적 장벽을 낮추는 데 기여했고, 작가에게는 맞춤형 전시 기회와 추가 수익을 올릴 수 있게 했다고 평가한 것이다.

●

사람이 사람을 부른다

●

오픈갤러리는 현재 시장에서 독보적인 위치를 점하며, 꾸준한 성장세를 보이고 있다. 오픈갤러리의 성공 신화를 보면서 비슷한 서비스 업체가 생겨났지만 잠깐이었다. 대부분 시장에서 살아남지 못했다. 대중의 취향에 맞춘 다양하고 높은 수준의 작품을 공수해, 고객의 만족도를 충족시킬 수 있는 전문 인력을 구하지 못한 탓이다.

미술품은 의류처럼 보편적인 재화가 아니기 때문에 그 가치를 매기고 선별하는 작업이 중요하다. 작품에 대한 안목과 전문지식뿐만 아니라 고객의 취향과 상황에 맞는 작품을 추천해줄 수 있는 센스도 필요하다. 그러니 큐레이션의 가치를 제대로 알지 못하고 전문가가 부재한 경쟁 기업들은 결국 문을 닫을 수밖에 없었다.

오픈갤러리에 소속되어 있는 10여 명의 큐레이터는 모두 미술을 전공해 미술 관련 지식이 뛰어나다. 직접 그림을 그렸던 경험이 있는 실기 위주의 큐레이터는 물론 미술학, 예술학을 전공한 이론 위주의 큐레이터까지 다양하다. 이들이 고객에게 직접 컨설팅 활동을 함으로써 고객 만족도를 높이고 단골 고객을 만들 수 있었던 것이다.

오픈갤러리의 큐레이터 컨설팅 서비스는 먼저 온라인 상담으로 시작한다. 고객이 작품을 걸고 싶은 공간의 사진을 찍고 선호하는 그림의 종류를 적어 보내면, 큐레이터는 고객의 취향에 맞는 작품들을 골라 이메일이나 SNS로 제안서를 전송한다. 이 과정에서 고객의 상황과 니즈를 충실히 고려하는데, 예를 들어 아이가 있는 집에는 아이들의 상상력에 영감을 줄 수 있는 그림을 추천해주는 식이다. 이후 고객이 집에 걸기를 원하는 그림을 선택하면, 오프라인으로 상담이 이뤄진다. 설치팀과 함께 큐레이터가 방문해 작품에 대한 해설과 작품을 걸기에 최적의 위치를 상담해주며 고객의 만족도를 높이기 위해 노력한다.

큐레이터들은 실력이 뛰어난 신진 작가를 발굴해 좋은 작품을 지속적으로 공급하는 역할도 맡고 있다. 오픈갤러리에 그림을 공급하려는 작가들의 포트폴리오를 받아 미술 기법이나 작가의 경력 등을 고려해 충분한 논의를 거친 뒤에 작품을 오픈갤러리에 소개한다. 첫 지원에 통과를 못해 여러 번 지원하는 작가도 있다고 한다.

오픈갤러리는 작가의 작품 공급이 핵심 서비스인 만큼 작가와의 관계를 위해 '작가와의 밤'과 같은 행사 등을 토대로 신뢰감을 쌓고 있다. 또한 사이트나 앱에 작가와 작품에 대한 이야기를 충분히 실어 고객들이 작가가 작품에 담아낸 의미나 의도를 이해할 수 있도록 했다. 다만 커머스 앱에서 흔히 보이는 판매량이나 대여 순위 등을 고지하는 것은 배제했다. 고객이 작품 자체만으로 선택하는 걸 돕고, 작가에게는 창작 활동에만 매진할 수 있게 하려는 오픈갤러리의 세심한 배려다.

이외에 오픈갤러리는 큐레이터를 통해 기업 마케팅 강연이나, 일반인을 대상으로 미술 교양 강연 등을 열며 수익 채널을 다양화하고 있다.

그림 하나로 일상이 바뀌는 경험

오픈갤러리의 또 다른 강점은 충성고객이 많다는 점이다. 오픈갤

작품 걸어보기

거실 1 / White

공간

| 거실1 | 거실 2 | 침실 | 다이닝룸 |

1/10 ▶

배경색

✓ ○ ○ ○ ○ ● ●

홈페이지에서는 작품마다 공간과 배경색을 바꾸어
그림을 걸어볼 수 있도록 되어 있고, 작품을 선택하
는 가이드도 다양하게 소개되어 있다.

작품선택 Tip

작품 선택을 보다 쉽게, 오픈갤러리 스타일링 가이드 북

캔버스	재료	사이즈
Canvas	Material	Size
가이드 보기 >	가이드 보기 >	가이드 보기 >

공간	색상	색상 조합
Space	Colors	Color Combination
가이드 보기 >	가이드 보기 >	가이드 보기 >

러리에서 미술품 렌털 서비스를 받은 고객 가운데 90%가 이탈하지 않고 또 다시 서비스를 받기 위해 기꺼이 지갑을 연다. 이탈률은 불과 5~10%다. 오픈갤러리의 매출이 매년 2배 이상 오르는 이유다. 기존 고객이 빠져나가지 않고 누적된 상태에서 계속 신규 고객이 들어오니 차곡차곡 쌓이는 블록처럼 매출이 늘어나는 것이다.

오픈갤러리의 재구매율이 높은 이유는 당연하게도 서비스에 대한 만족도가 높기 때문이다. 오픈갤러리 창업 초기부터 배송 및 설치를 담당하고 있는 오현진 씨는 그림을 거는 순간 고객의 집안 분위기가 확 달라지는 것을 느낀다고 한다. 한 고객은 SNS에 "오픈갤러리는 개미지옥 같다"고 표현하며, 그림이 주는 변화를 한 번 느끼면 헤어날 수 없다고 만족감을 나타내기도 했다.

특히 오픈갤러리의 렌털 서비스의 특징은 계절감에 맞는 그림으로 3개월에 한 번씩 주기적인 교체를 해준다는 점이다. 큐레이터인 최지원 씨는 "날이 더운 여름에는 청량한 푸른색 계열의 그림을, 추운 겨울에는 따뜻한 색으로 그려진 그림을 추천한다. 봄이나 가을에는 꽃 그림이나 풍경화 등이 계절감을 잘 살릴 수 있다"고 설명했다. 계절에 따른 작품 교체는 오픈갤러리 사업 초기부터 도입되었던 방식이다. 주기적으로 작품을 교체해 집의 분위기를 바꿔주면서 고객 만족도를 높이려 했는데, 그 주기를 1개월, 3개월, 6개월 등의 안을 두고 고민하다 사계절인 우리나라의 특성에 맞춰 3개월로 결정했다.

오픈갤러리는 서비스 이용이 곧 마케팅으로 이어진다는 장점도 있다. 인테리어가 30~40대 여성이 선호하는 취미인 만큼, 오픈갤러리의 주 고객층은 SNS에 익숙하다. 요즘 가장 많이 사용하는 SNS 중 하나인 인스타그램에 오픈갤러리가 해시태그된 게시물은 7000건에 달한다. 대부분 자신의 집에 걸린 그림을 찍은 것이다. 큐레이터의 도움을 받아 집의 분위기에 맞는 작품을 추천받는 만큼, 사진이 잘 나올 수밖에 없다. 고객의 '자랑'이 자연스레 업체 홍보로 이어지는 구조다. 특히 사업 초기 가수 강민경이나 방송인 이지혜 등 유명인들이 자발적으로 SNS에 렌털 서비스에 대한 만족감을 드러내는 게시물을 올려 큰돈 들이지 않고 홍보를 하는 효과를 얻기도 했다.

오픈갤러리는 개인만이 아니라 기업 고객을 대상으로 하는 맞춤형 추천 서비스를 통해서도 고객을 늘려가고 있다. 기업의 경우 임직원의 복지를 위해 사무실이나 복도, 1층 로비 등에 그림을 전시하려 한다. 오픈갤러리는 기업의 특성에 맞춰 IT기업에는 창의력을 높일 수 있는 팝아트 계열의 작품을, 보수적인 성향의 회사에는 차분하고 분위기 있는 작품을, 병원에는 환자들이 대기하면서 마음을 편안하게 다독일 수 있는 작품을 추천한다. 이러한 맞춤 서비스로 기업 고객의 이탈율 역시 10% 내로 매우 적다.

또한 기업과 연계해 팝업 전시회를 개최하기도 한다. 팝업 전시회는 기업이 임직원 복지 혹은 지역 사회 기여를 위해 오픈갤러리에 전시 진

"계절에 맞춘 작품을 설치해주면 고객의
집 분위기가 확 달라지는 것을 느낄 수 있습니다.
당연히 고객들도 대부분 만족하세요."

_오현진 미술 설치 담당

행을 의뢰하는 방식으로 이루어진다. 기업이 제시한 테마에 따라 일반인이 쉽게 다가갈 수 있는 그림을 위주로 다양한 작품을 전시한다. 일부 전시회에는 오픈갤러리 소개란을 마련해 수익 창출과 홍보 효과를 동시에 얻는 전략을 활용하기도 한다.

직원의 특성을 존중하는 기업 문화

박의규 대표는 직원과 소통하지 않는다. 요즘 시대에 맞지 않은 리더십처럼 보일 수 있겠지만 오히려 반대다. 그의 전공이 경영이다 보니 미술에 대한 전문 지식이 직원들보다 부족할 수밖에 없다. 이에 사업 초기 작가나 작품을 선정하는 기준이나 작품 설치 위치 등에 있어서 직원들과의 커뮤니케이션에 어려움이 있었다. 그래서 그는 직원의 자율성을 존중하는 경영 방식을 택했다.

오픈갤러리는 크게 경영지원팀, 배송·설치팀, 큐레이터팀, IT팀으로 나뉜다. 그리고 박의규 대표는 업무와 관련해 팀장들과만 소통한다. 30여 명의 직원 중에는 대표와 한 번도 이야기를 나눠본 적 없는 직원도 있다. 함께 인터뷰에 나선 입사 6개월 차 최지원 큐레이터 역시 대표와 제대로 대화는커녕 인터뷰 자리가 입사 후 가장 길게 한 공간에 있는 자리 같다며 웃었다.

하지만 명확한 사내 규칙과 교육을 토대로 자칫 스타트업에서 흔히 나타나는 무체계적인 운영이 이뤄지지 않도록 신중을 기한다. 박의규 대표는 "동아리와 회사는 한 끗 차이"라면서 "너무 자유분방하면 조직이 제대로 돌아가지 않는다"고 했다. 이에 명확한 출근 시간과 휴가 제출 절차 등 최소한의 사내 규칙을 토대로 회사 운영에 문제가 생기지 않도록 한다.

또한 큐레이터의 고객 응대 교육을 통해 고객 서비스 만족도를 높이는 데 노력하고 있다. 오픈갤러리 서비스의 핵심은 큐레이터다. 고객과의 전문성을 갖춘 소통을 통해 수익을 내는 역할을 하기 때문이다. 이는 반대로 큐레이터의 교육이 잘되어 있지 않으면 사업에 어려움을 겪을 수밖에 없는 구조라는 것을 뜻한다. 이에 박의규 대표는 각종 대기업의 고객 응대 매뉴얼과 관련 서적 등의 자료를 취합해 오픈갤러리만의 교육 자료를 만들어 큐레이터 교육에 활용하고 있다. 이전에는 대표가 직접 교육를 시행했지만 사업이 커지면서 대표 대신 교육 담당자를 두고 직원역량개발HRD에 노력을 기울이고 있다.

시장을 개척한다는 것의 의미

박의규 대표는 오픈갤러리를 창업하고 나서 매일을 위기라고 느낀다고 했다. 아이러니하게도 경쟁사가 없기 때문이다. 새로운 시장을 개척하다 보니, 선례가 없어 참고할 만한 데이터가 없다. 사업을 진행하면서도 이 방향이 맞는 것인지 확신이 서지 않는 경우가 태반이다.

박의규 대표는 드릴 하나 들고 난생 처음 미술품 설치를 해보기도 했고, 대기업에 닥치는 대로 연락해 영업을 하기도 하는 등 사업 초기 스타트업이 흔히 겪는 어려움을 견뎌냈다.

하지만 무엇보다 오픈갤러리가 사업 초기 사운을 걸고 극복해야 할 문제는 작가 모집이었다. 오픈갤러리에 수준 높은 작품을 공급할 수 있는 작가 모집을 위해 박의규 대표는 눈코 뜰 새 없이 뛰어다녀야 했다. 작품 활동에 몰두하기에 다소 보수적인 성향의 작가를 설득하는 작업은 쉽지 않았다. 특히 온라인을 통해 미술품을 공급하려는 시도는 이전에도 있었지만, 매번 그 시도가 실패로 돌아갔기에 '렌털 서비스'라는 생소한 시도에 대해 선뜻 나서려는 작가가 많지 않았다고 한다.

작가를 어떻게 설득해 모집했느냐는 물음에 박의규 대표의 답은 간단했다. "진정성이 통했다"는 것이다. 사실 렌털 서비스는 국내에서 전

"200%씩 크는 기업의 성장 속도에 맞춰

대표가 성장하기 위해서는

완전히 다른 사람이 될 정도의

인식의 전환이나 변화가 필요합니다.

그것을 매년 이루어낼 수 있는가가

개인적인 고민이자 숙제입니다."

_박의규 오픈갤러리 대표

오현진 미술 설치 담당

최지원 큐레이터

례가 없기 때문에 사업 전망에 대한 설득보다는 진심을 담은 설득밖에 할 수 없었다고 한다. 비즈니스에서도 때로는 숫자보다 진정성이 사람의 마음을 움직이는 법이다.

그동안 유사 서비스 업체가 생겨났다 사라지는 과정 속에서 오픈갤러리만이 살아남을 수 있었던 이유 중 하나는 의사결정의 순간마다 그로 인해 벌어질 수 있는 여러 상황에 대한 시나리오를 짰기 때문이다. 박의규 대표는 중요한 결정을 해야 할 때마다 스스로도 편집증이라고 느껴질 정도로 치밀하게 플랜 A, B, C를 가정해 대비했다.

예를 들어 자본 규모가 영세한 스타트업은 펀딩의 성공 여부에 따라 사운이 크게 좌우되는 경우가 많다. 그래서 박의규 대표는 펀딩이 실패할 경우 닥칠 위기에 대비해 다른 펀딩 후보를 찾거나 자본 운영 계획을 미리 수립하면서 리스크 테이킹을 최소화하려 했다.

"선례가 없으니 이 선택을 했을 때 나올 수 있는 시나리오를 3가지 정도 가정합니다. 미리 대책도 세워놓죠. 그러다 보니 어떤 결과가 나오든 신속하게 대응할 수 있었다고 생각합니다."

미술품과 인테리어를 접목시켜 성공적인 사업을 이어오고 있는 오픈갤러리의 미래 사업 구상은 인테리어 시장에 한정되어 있지 않다. 박의규 대표는 앞으로의 사업 구상에 대해서 "오픈갤러리가 잘할 수 있는 분야로 확장할 계획"이라면서 "미술품의 인테리어 활용은 미술 분야의 일부에 불과하다"고 했다.

오픈갤러리가 구상하고 있는 사업 확장 계획은 미술품 투자 분야다. 예술 전문 리서치 컨설팅 기업인 아트이코노믹스의 〈미술 시장 보고서〉에 따르면 2017년 전 세계 미술 시장 규모는 637억 달러로 전년 대비 11.8% 확대되었다. 국내 미술 시장 규모도 2017년 4942억 원을 기록하며 전년 대비 24.7%가 증가했다. 이는 문화체육관광부가 조사를 시작한 2008년부터 2010년 4839억 원을 기록한 이래 가장 높은 수치다.

또한 기술의 발달은 미술품 투자 시장의 성장 가능성을 높이고 있다. 블록체인 기술을 활용해 미술품을 공동 투자해 공동 소유할 수 있는 서비스가 등장한 것이다. 이는 곧 일부 상류층만이 접근할 수 있었던 미술품 투자의 장벽이 낮아지고 있다는 의미다.

박의규 대표는 오픈갤러리가 다양한 작가 및 작품 풀과 전문성 있는 큐레이터진을 보유하고 있는 만큼 미술품 투자 시장에 접근이 용이하다고 판단하고 있다. 미술 투자 시장은 미술품의 가치가 핵심인 만큼 이를 활용해 사업을 이어왔던 오픈갤러리가 가장 잘할 수 있는 분야라는 것이다.

라이즈아트

R|SE ART

오픈갤러리와 비슷한 사업 모델은 전 세계적으로도 찾기 어렵다. 그나마 영국의 라이즈아트Rise Art가 오픈갤러리가 만들어지기 2년 전 생겨 여전히 성업 중인 업체.

창업자인 스콧 필립스Scott Philips는 아내가 아마추어 미술가로, 아내의 동료들이 갤러리와의 연계에 어려움을 겪는 것을 보며 창업을 결심했다.

라이즈아트는 미술 시장을 온라인으로 끌어들이고, 고소득층의 전유물로 여겨지는 미술품의 유통 범위를 넓히기 위해서 렌털 서비스를 도입했다. 오픈갤러리가 렌털에 조금 더 중점을 두고 있다면 라이즈아트는 렌털을 통한 판매에 집중하고 있다는 점에서 차이가 있다.

라이즈아트는 작품에 따라 월 25파운드에서 최대 500파운드(원화 3만 7000~74만 5000원)에 렌털 서비스를 제공한다. 큐레이터의 상담 서비스는 무료다. 만약, 렌털을 한 고객이 작품 구입을 원한다면 렌털 비용을 제한 구매 비용만 지불하면 된다. 즉, 렌털을 통해 작품을 즐기고 마음에 든다면 구입을 유도해 작품 선택 실패의 위험성을 줄여주는 것이 라이즈아트의 핵심 사업 모델이다.

라이즈아트의 매출은 2017년 기준 전년 대비 2배가 올랐다. 오픈갤러리와 유사한 행보인데, 라이즈아트의 경우 세계 40여 국에 작품 수출까지 겸하고 있어 규모가 더 크다. BBC나 〈포브스〉가 기사를 통해 조명할 만큼 많은 관심을 받는 스타트업이다.

라이즈아트는 '미술은 모두를 위한 것'이라는 인식을 널리 퍼트리기 위한 캠페인이나 행사도 개최한다. 특히 2017년에는 반 고흐, 피카소, 몬드리안 등의 유명 작가의 작품을 모델의 몸에 그려 런던의 거리를 활보하는 바디페인팅 이벤트를 열어 화제가 되기도 했다.

브랜딩이란
즐거움을 주는 것

수제맥주, 컬래버레이션으로 흥하다

BRAND 더부스 브루잉

설립 **2013년 3월 28일**

직원 수

105명

총 투자 유치액

100억 원 이상

연매출

126억 원

직영 매장 수

6곳

세계 양조장 수

2곳

수제맥주 종류(시즌 메뉴 포함)

50종

〔2017년 기준〕

컨슈머가 메이커가 되는 시대

5000만 명 대 2500만 명, 1730조 원 대 36조 원. 우리나라와 북한의 인구 및 국민총소득GNI의 격차다. 인구는 2배 차이, 국민총소득은 50배 가까이 차이가 난다. 북한의 경제난과 이로 인한 식량난 등은 굳이 길게 설명하지 않더라도 심각하고, 분단 후 남한과 경제력 격차는 시간이 갈수록 더욱 커지고 있다.

하지만 북한이 우리나라보다 앞선다고 평가받는 것이 있다. 핵무기 개발 노력, 병력 그리고 맥주 맛이다. 2012년 영국 주간지 〈이코노미스트〉는 "한국 맥주가 북한 맥주보다 맛이 없다"는 평가를 내렸다. 꼭 경제력이 식음료의 질과 비례하는 것은 아니지만, 세계적으로 최빈국에 속하는 북한보다 맥주의 질이 떨어진다는 평가는 우리나라에 큰 충격이었던 듯하다. 이 말이 현재까지 회자되는 것을 보면 말이다. 심지어 맥주광으로 알려진 북한의 김정은 국무위원장도 "한국 맥주는 정말 맛이 없다"고 평가한 것으로 전해진다. 그야말로 한국 맥주의 굴욕이다.

〈이코노미스트〉는 국내 맥주의 부진 이유로 "일부 대기업이 맥주 시장을 과점하였고, 이들이 맥주에서 중요한 보리누룩을 아껴 맥주를 만들기 때문"이라고 분석했다. 이런 굴욕적인 평가 때문일까. 2014년 우리나라는 맥주를 양조해 팔 수 있는 자격 조건을 완화했다. 일반 소규모 맥주 제조업체도 맥주를 만들어 외부에 얼마든지 팔 수 있게 된 것이다.

이와 함께 개인의 개성과 주관을 중요시하는 사회 분위기에 정보 습득이 쉬워져 새로운 것을 시도하는try 데 가치를 두는 체험적 소비자consumer, 일명 '트라이슈머trysumer'가 늘면서 소비 트렌드가 바뀌었다. 대량 생산된 기성품보다 자신이 선호하고 가치를 두는 소비에 집중하는 경향이 높아진 것이다.

국내 규제 완화와 개인 및 소규모 양조업자가 만든 개성 있는 수제맥주craft beer 시장이 커지고 있는 것도 이러한 시대 변화와 궤를 같이 한다. 기존 대형 업체의 획일화된 맥주보다 소비자의 입맛과 취향에 맞는 수제맥주를 찾는 경향이 높아지는 것이다. 미국의 경우 2003년 2.5%에 불과했던 미국 수제맥주의 시장 점유율은 2017년도에 23.4%까지 오를 정도로 매해 크게 성장하고 있다.

시장 성장 시기가 미국에 비해 늦은 우리나라의 경우 2017년 수제맥주 매출액이 400억 원 정도로 추정돼 시장 점유율이 전체 맥주 시장의 1%에 불과하다. 하지만 2012년 수제맥주의 시장 규모는 7억 원이었다. 5년 만에 시장 규모가 60배 가까이 성장한 것이다. 대기업들도 수제맥주 시장에 진출하고 있고, 벤처캐피털 등 각종 투자 업체들의 거대 자본의 투입액도 빠르게 늘어나고 있다. 업계 관계자들은 수제맥주 시장

더부스는 이태원에 15평의 작은 펍으로 시작했다. 빌이라는 브루어리에게 레시피를 전수받은 수제맥주와 두 공동 대표가 즐겨먹던 홍대의 몬스터 피자가 메뉴의 전부였다. 여기서 피맥과 수제맥주의 유행이 시작되었다.

이 2022년에는 1500억 원으로 4~5배 성장할 것으로 내다보고 있다.

더부스는 수제맥주 업계에서도 성장 속도가 가장 빠른 업체 중 하나다. 2013년 1억 원 남짓의 자본금으로 이태원 경리단길에 15평의 작은 펍으로 시작해, 2017년에는 125억 원의 매출을 올렸다. 이는 우리나라 수제맥주 시장의 30%에 달하는 높은 점유율이다.

더부스의 매출 가운데 30% 정도는 서울 강남, 광화문, 이태원 등에서 운영하고 있는 8곳의 직영 매장에서 나온다. 나머지 70%는 판교의 양조장을 비롯한 세계 각지의 양조장에서 주문자 상표 부착 생산OEM 방식으로 제품을 생산해 유통하는 데서 창출된다.

더부스의 대표 상품인 '대강 페일 에일pale ale'은 OEM 방식으로 덴마크의 유명 수제맥주 업체 미켈러와 협업해 만들어졌다. 현재 더부스는 전국 펍 약 1000곳과 이마트나 CU 같은 편의점 등에 맥주를 유통하고 있다. 더부스가 시작해 현재 한국의 대표적인 맥주 행사로 자리 잡은 '더 비어위크 서울'은 수제맥주를 대중화하는 데 영향을 미쳤다.

더부스는 수제맥주의 성지인 미국 시장에도 진출했다. 공동 창업자 중 한 명인 김희윤 대표는 미국의 경제 전문지 〈포브스〉가 선정한 2017년 아시아의 영향력 있는 30세 이하 리더 30인으로 선정되기도 했다. 이제 더부스는 명실상부 대한민국의 수제맥주를 대표하는 업체로 인정받고 있다.

더부스는 미국 진출 1년 만에 프리미엄 슈퍼마켓 체인 홀푸드에 국민 IPA와 재미주의자를 입점시키는 데 성공했다. 수제맥주의 성지인 미국에 첫발을 내디딘 것이다.

대기업과의 경쟁에서 이기는 법

"신혼여행에 가서도 200종류의 맥주를 먹어봤다니까요."

경리단길에 사업을 시작할 당시만 해도 연인관계였던 김희윤, 양성후 대표는 1년 뒤 부부의 연을 맺었다. 더부스 매장에서 결혼식을 연두 대표는 3주간 미국으로 신혼여행을 떠났다. 수제맥주의 본고장이기 때문이었다. 신혼여행에서도 머릿속엔 맥주 생각밖에 없었다. 두 젊은 대표가 맛본 수제맥주 종류만 200여 종에 달했다.

가벼운 마음으로 창업했을 땐 수제맥주 커뮤니티 등에서 들은 정보가 지식의 전부였으나, 사업을 이어오면서 쌓인 경험과 틈틈이 언론 매체나 서적 등을 통해 취합한 정보로 수제맥주에 대한 지식은 빠르게 채워졌다. 이들이 더부스를 창업했던 2013년만 해도 수제맥주는 우리나라에서 매우 소수만이 즐기는 시장이었다. 참고할 정보도 선례도 거의 없었다. 이런 상황에서 이미 시장이 조성된 미국에서 직접 몸으로 체험하며 눈으로 본 사업 동향은 이후 더부스의 사업 방향을 정하는 데 좋은 자극이 되었다.

이에 더부스에서 내놓은 작품이 바로 '대동강 페일 에일'이다. 대동강 페일 에일은 덴마크 유명 수제 맥주 브루어리(양조장)이자 세계 3대 브루어리로 꼽히는 미켈러와 합작해 만들어졌다. 오렌지, 감귤 등의 상큼한 향기가 나는 것이 특징으로 지금의 더부스를 만든 토대이자 현재까지도 더부스하면 떠오르는 시그니처 맥주가 됐다. 물론 더부스의 성장에도 그 역할을 톡톡히 하고 있다.

게다가 대동강 페일 에일은 공동창업자인 다니엘 튜터가 한국 맥주를 혹평하면서 비교한 북한의 대동강 맥주를 떠올리게 하는 위트 있는 이름으로 더욱 인기를 얻었다. 그런데 이후 통관 과정에서 "마치 대동강 물로 만든 것으로 혼동될 수 있는 이름"이라는 이유로 거부당했다. 지금은 '동' 글자가 있던 자리에 'censored(검열받은)'라는 마크를 붙여 '대강 페일 에일'이라는 이름으로 유통되고 있다.

하지만 고속 성장을 거듭하던 더부스의 위기는 생각보다 일찍 찾아왔다. 바로 대기업의 시장 진출이었다. 수제맥주 시장이 조금씩 커지고 사람들에게 인기를 얻으면서, 대기업이 이 분야에 진출하려고 손을 뻗기 시작한 것이다. 특히 더부스와 협업하고 있던 미켈러의 맥주를 한국에 유통하고 싶다는 의사를 보인 대기업이 등장했다. 당시 사업 경험이 없던 두 대표는 독점계약서를 쓰지 않아 미켈러와 국내 대기업의 계약을 막을 방법이 없었다. 이대로 대기업에 밀린다면 사업 기반이 흔들릴 정도의 큰 위기였다.

대기업의 시장 진출은 규모의 경제에서 밀리는 작은 중소업체들에

수제맥주에 대한 전문성과 직접 수제맥주를 만들면서 얻은 노하우를 경쟁력으로
대기업과의 독점 공급 계약 경쟁에서 우위를 차지할 수 있었다.

게 커다란 위기다. 2017년 기준 우리나라 자영업 신규사업자 대비 폐업자 비율은 74%였는데, 특히 제조업을 제외한 소매·서비스업은 88%에 달했다. 한쪽에서 10곳이 문을 열면 다른 쪽에서는 9곳이 문을 닫는다는 이야기다. 자영업자의 몰락 이유로는 경기 불황, 골목상권의 공급 과잉 등 다양한 요인이 꼽히는데, 이미 포화 상태인 골목상권으로의 대기업 진출 역시 빼놓을 수 없다. 거대 자본과 인력을 앞세운 대기업과의 경쟁에서 중소기업이 이기기는 여러모로 어려울 수밖에 없다.

더부스가 절체절명의 위기를 극복할 수 있었던 원동력은 전문성이었다. 당시 국내 맥주 업계는 수제맥주에 대한 이해도가 높지 않았다. 이는 새로 시장을 개척하려는 대형 주류 업체도 마찬가지였다. 수제맥주 업계의 고민에 대한 이해도는 더부스 쪽이 대기업 영업 담당 직원보다 높아 미켈러의 호감을 끌어낼 수 있었다.

더부스는 왜 자신들이 한국에 독점 공급해야 하는지를 미켈러 측에 논리적으로 설명했다. 보통 외국의 수제맥주 업체들은 먼 지역에 맥주를 유통하는 것을 환영하지만은 않는다. 긴 유통 과정 중에 맛이 변질되는 경우가 많기 때문이다. 이러한 사실을 잘 알고 있었던 더부스는 유통을 공략 포인트로 삼았다. 돈이 더 들더라도 콜드체인(냉장유통) 방식으로 맥주의 질을 유지하면서 유통하겠다고 호소한 것이다.

결국 미켈러는 더부스의 손을 들어줬고 독점 공급 계약을 맺었다. 그렇게 더부스는 큰 위기를 극복할 수 있었다.

전문가에게 맡겨라

더부스의 핵심 가치는 타협 없는 맥주의 품질을 통해 고객에게 맛있는 감동을 선사한다는 것이다. 비용 절감은 수익을 내야 하는 기업에게 있어 최우선적으로 고려해야 하는 요소지만 더부스는 제품의 질을 떨어트릴 수 있는 비용 절감에는 절대 타협하지 않는다.

더부스가 급속한 성장을 거둘 수 있었던 이유가 바로 '약은 약사에게, 요리는 전문 요리사에게'라는 경영 철학이다. 전문적인 지식이 부족해 잘할 수 없는 영역은 수익이 줄어들지라도 과감하게 외부 전문가에게 맡겼다.

더부스 초기에는 맥주마저도 수제맥주 품평회에서 사귄 지인의 레시피를 받아 외부 양조장에서 만들어 파는 아웃소싱 방식을 적용했다. 더부스는 경리단길에 문을 열었을 때만 해도 안주를 피자로 단일화했다. 그리고 피자 역시 아웃소싱 방식으로 두 대표의 단골 가게였던 몬스터 피자로부터 사들여 내놓았다. 물론 아웃소싱보다 직접 조리하는 게 수익에 더 도움이 되리라는 사실을 알고 있었지만, 잘하지 못하는 것을 어설프게 하느니 수익을 줄이는 게 낫다고 판단했다. 이미 맛을 인정받은 맥주와 피자를 공급하니 초기 성장 속도는 빠를 수밖에 없었다. 일명 피맥(피자+맥주) 펍으로 더부스가 사람들에게 인식된 것도 이 때부터였다.

더부스는 판교에 양조장을 만들어 브루어(양조 전문가)를 직원으로 고용한 이후에도 "원가를 절감하라" "특정한 재료를 활용하라" "제조 속도를 높여라"와 같이 제한적인 결과물을 낼 수밖에 없는 지시를 거의 하지 않았다. 단지 "맛있는 맥주를 만들어라"는 추상적이고 열린 요구를 할 뿐이었다. 실제로 더부스의 브루어들은 다양한 시도를 할 수 있어 도전적으로 업무에 임하고 있다고 한다.

"김희윤 대표는 맛있는 맥주를 만들어달라고 요청할 뿐, 원가 절감 등의 요구를 하지 않습니다. 더부스 맥주가 가진 창의성의 원동력이죠."

이러한 경영 방식은 직원들이 창의적인 시도를 할 수 있도록 작용한다. 다양성과 개성이라는 수제맥주의 정신과도 일맥상통한다. 가치를 우선하여 이익이 따라 오게 만드는 경영 방식이다. 일부 다른 수제맥주 업체의 경우 경영 효율화를 위해 숙성 시간을 줄이거나 특정 맥주만을 제조하다 경영의 위기를 겪기도 했지만 더부스는 이러한 전철을 밟지 않았다.

더부스의 경영 철학은 결과물로 나타났다. 더부스가 생산한 수제맥주의 종류만 50종이다. 2010년 초만 해도 제한된 종류의 맥주만 마실 더부스는 판교와 미국 캘리포니아, 두 곳에 양조장을 세웠다.
캘리포니아 양조장은 미국 진출의 교두보 역할을 할 뿐만 아니
라, 실험적인 맥주에 도전할 수 있는 근간이 되어주었다.

수 있었던 소비자에게 다양하고 재미있는 선택지를 제공함으로써 더 부스는 성장할 수 있었다.

●

품질에서는 타협하지 않는다

●

더부스의 품질에 대한 고집을 잘 드러내주는 것이 바로 콜드체인 유통이다. 더부스의 냉장 차량에는 "우리는 크래프트비어의 맛과 향을 최상으로 보존하기 위해 냉장 배송을 하고 있습니다"라는 문구가 큼지막하게 적혀 있다.

수제맥주는 맥주의 원료인 맥아(몰트), 홉, 효모 등의 각종 조합을 통해 만들어진다. 맥아, 홉 등의 원료 종류도 다양하고, 여기에 발효 방식, 숙성 기간의 차이에 따라서 맛이 달라진다.

맥주는 특히 유통 과정에서 품질 관리가 까다로운데, 제조 과정에서 들어간 효모를 걸러내지 않는 경우가 많기 때문이다. 수제맥주는 상온에 오랜 기간 노출되면 후발 발효로 맛과 향이 변질되기 쉽다. 변질된 맥주는 좋지 않은 향을 내는데, 독특한 향기를 강점으로 내세우는 수제 맥주에게는 치명적인 단점으로 작용한다. 일반적으로 수제맥주는 10도

더부스는 맥주가 가지고 있는 최상의 맛과 향을 서비스하기 위해 냉장배송의 원칙을 철저히 지킨다. 이러한 차이가 결국 소비자의 선택을 결정짓는 경쟁력임을 알기 때문이다.

정도를 유지해 보관하는 것이 변질을 막는 방법으로 알려져 있다.

'맛없는 맥주는 의미가 없다'는 신념 아래 더부스는 콜드체인 팀을 따로 구성해 품질 관리에 만전을 기하고 있다. 심지어 더부스는 특정 상품의 콜드체인 유통이 어려울 경우 과감하게 포기하기도 한다. 중간거래상이 끼어 있는 복잡한 유통 구조에서 모든 과정을 콜드체인으로 구현하는 것은 비용이 상당히 증가할 수밖에 없다. 그렇지만 대기업 혹은 다른 수제맥주 업체와의 치열한 경쟁을 이겨낼 수 있었던 핵심 원동력 가운데 하나가 콜드체인이었기 때문에, 더부스는 앞으로도 이를 유지할 계획이다.

더부스×배달의민족, 치믈리 에일의 탄생

2016년, 더부스는 'ㅋIPA'라는 이름의 맥주를 내놓았다. 여기서 'ㅋ'은 인기 밴드인 장기하와 얼굴들이 데뷔 8주년을 맞아 내놓은 정규 4집의 노래 제목에서 따왔다. ㅋIPA는 더부스와 장기하와 얼굴들의 컬래버레이션 결과물이었다. 평소 애주가로 소문난 장기하와 얼굴들의 멤버들이 수제맥주 제작에 직접 참여하기도 했다.

감귤, 망고 같은 열대과일 향이 한꺼번에 터지는 맥주인 ㅋIPA는 장기하와 얼굴들이 무대 위에서 내뿜는 폭발적인 에너지를 잘 살렸다는 평을 받았다. 당시 맥주 회사와 가수의 협업은 큰 이슈가 되며 젊은 층의 입소문을 타 마케팅에도 큰 도움이 됐다.

이외에도 더부스는 방송인 노홍철과 협업한 '긍정신 레드 에일'을 내놓았고, 배달의민족과 협업해 뛰어난 치킨 미각을 가진 일명 '치믈리에'를 선정해 그들과 함께 치킨의 맛을 극대화하는 '치믈리 에일'을 개발하기도 했다. 한가위의 풍성함을 담아낸 '한가위 에일'이나 '새해종 팜하우스 에일' 등 시즌 맥주를 선보이며 끊임없이 새로운 맥주를 업데이트해왔다.

더부스의 마케팅은 수제맥주의 특징을 극대화한 방식을 사용한 것이다. 획일화된 대량 생산 맥주와 달리 수제맥주는 원료의 다양한 조합으로 무한대의 맛을 낼 수 있다. 이러한 특징을 이용해 더부스는 실험적이고 개성 넘치는 수제맥주의 이미지와 맞아떨어지는 화제성 높은 인물 혹은 업체와 협업을 진행해왔다. 거기다 맥주에 하나씩 스토리를 담아 재미있는 이름을 붙이니 맥주를 마시는 것만으로도 이야깃거리가 됐다. 다른 사람에게 이야기해주고 싶은, 즉 SNS에 자발적으로 올리고 싶은 맥주가 된 것이다. 이는 수제맥주 시장의 주 고객층이자 재미를 찾고 유행에 예민한 20~30대 젊은 층의 열렬한 호응으로 이어졌다. 마케팅에 큰 비용을 들이지 않고도 더부스의 이름을 알리는 효과적인

홍보 방식이 됐다.

더부스는 더 나아가 수제맥주가 젊은이를 상징하는 문화 상품으로 인식되도록 맥주를 즐길 수 있는 여러 행사를 주최하기도 했다. 2018년 5월, 20~30대 젊은이가 많이 찾는 서울 커먼그라운드에서는 엿새 동안 수제맥주 축제가 열렸다. 무려 2만 6000여 명이 참여했다. 하루에 4000여 명이 참여한 이 대규모 행사는 더부스가 4년째 매해 열고 있는 '더 비어위크 서울'이다. 우리나라뿐만 아니라 세계적 수준의 수제맥주 업체와 음식 업체가 참여하고, 맥주와 함께 즐길 수 있는 각종 공연도 열린다. 더 비어위크 서울은 명실공히 우리나라 최대 수제맥주 축제로 인정받고 있다. 또한 축제를 주최하는 더부스는 한국 수제맥주 시장의 대표격으로 사람들의 머릿속에 각인됐다.

더 비어위크 서울 말고도 따뜻한 공간에서 좋은 책과 함께 맥주를 마시는 행사인 책맥이나 국공립 미술관에서 국내 최초로 열리는 맥주 행사인 더부스 뮤지엄 나잇, 맥주병을 이용한 다양한 요가 동작과 운동 후 마시는 상쾌한 맥주 한 잔을 즐기는 모임인 비어 요가, 금요일 밤에 마신 맥주를 토요일 아침 사이클링으로 신나게 태우자는 취지로 만들어진 더부스 라이딩 클럽 등 다양한 문화 행사를 주최하고 있다. 이제 더부스는 단순한 주류 업체를 뛰어넘어 문화를 조성하는 기업으로 자리매김하고 있다.

더 비어위크 서울은 더부스가 주최하는 맥주 축제로 국내 미수입 해외 유명 브루어리와 국내 로컬 브루어리를 소개하는 자리다. 현재까지 4년째 진행되는 행사는 점점 사람들의 관심을 모으며, 한국의 대표 맥주 축제로 자리 잡았다.

"수제맥주 마니아들과 함께 어울리다 보니 공통적으로 좋아하는 취미가 무엇인지 자연스럽게 알겠더라고요."

더부스의 또 다른 핵심 가치는 '재미'다. 더부스는 사람들이 즐거워하는 것에 수제맥주를 접목시키려 노력한다. 이를 위해 맥주를 좋아하는 사람들과 어울리면서 그들의 취미나 기호가 무엇인지를 분석했다. 책, 박물관, 요가, 자전거와 접목시킨 행사를 개최하는 것도 이러한 생활 속 시장조사에서 비롯됐다.

일상생활 속에 제품을 자연스럽게 녹이는 것만큼 효과적인 마케팅 방식은 없다. 굳이 기능을 강조하기보다 일상에서 제품을 어떻게 사용하는지 보여주는 애플의 광고가 대표적이다. 더부스가 단순히 '우리 맥주는 맛있다'는 천편일률적인 마케팅만 했다면 지금의 극적인 성장은 이루지 못했을 것이다.

과감한 결단의 선점 효과

더부스는 회의에서 아무리 엉뚱하고 황당한 아이디어가 나와도 존중하고 진지하게 듣는 자세를 중요시한다. 실패에도 힐난보다는 격려로 창의성을 독려하는 분위기를 조성한다. 100명이 넘는 임직원의 다양한 아이디어는 창의적인 맥주 디자인 등 곳곳에서 활용되고 있다.

더부스는 아이디어 회의에서 나온 직원의 엉뚱하면서도 창의적인 발상이 구체적이지 않아도 "일단 시도하라"고 북돋아준다. 심지어는 "굳이 보고하지 않아도 된다"는 대표의 말에 직원이 먼저 시도하고 후 보고하는 경우도 많다. 예를 들어 브루어가 딸기 맛이 나는 맥주를 만들고 싶으면 연구하고 만들어보고, 그 결과를 보고 및 제안하는 방식이다. 기성 업체들이 새로운 상품을 개발할 때 정해진 연구비와 생산비 등을 고려해 아이디어 범위를 실현 가능한 것으로 제한하는 것과는 완전히 반대 방식이다. 최종적인 생산 결정도 프로젝트 매니저에게 위임하는 편이다. 이러한 자유로운 의사소통 방식은 대표가 그만큼 직원들에 대한 신뢰가 크다는 이야기이기도 하다.

마케팅 역시 마찬가지다. 가수, 예능인, 공연, 서적 등 영역을 가리지 않는 이색적인 협업을 통해 더부스가 성장해 나갈 수 있었던 것도 창의성을 존중하는 기업 문화에서 비롯됐다.

인터뷰를 하면서 느낀 김희윤 대표에 대한 인상은 직관적이고 대범하다는 것이었다. 인터뷰 내내 회사 혹은 자신을 포장하기보다 자신감 있고 솔직하게 말하는 그녀에게 사업 초기 수제맥주 펍을 만들어보자고 결심한 지 9주 만에 가게를 냈던 추진력이 느껴졌다.

김희윤 더부스 브루잉 대표

"대표는 회사를 재밌고 즐기면서 다닐 수 있는
분위기로 만들려고 노력해요.
직원들도 자유로운 환경에서 즐기는 분위기로 일을 하죠."

_강명희 브랜드마케팅 이사

김희윤 대표의 이런 성격은 더부스의 사업 성공에 커다란 자산으로 작용하고 있다. 다양성에 대한 존중은 창의적인 결과를 내는 데 도움이 되기도 하지만, 한편으로는 느린 의사소통이라는 부작용이 생기기 쉽다는 단점도 있다.

이를 보완해주는 것이 대표의 결단력이다. 수제맥주는 막 성장기에 접어든 시장이다. 참고할 선례가 부족해 대표가 의사결정을 하는 데 혼란을 겪기 쉽다. 그렇지만 김희윤 대표는 무모해 보일 정도로 빠르게 결정하고 의사소통의 속도를 높인다. 이는 더부스가 시장을 선점하는 결정적인 역할을 했다. 하이 리스크를 짊어진 만큼 리턴 역시 컸다.

미국 시장에 진출한 양성후 대표 역시 과감한 행보를 이어오고 있다. 더부스는 수제맥주의 본고장격인 미국 시장에 도전장을 냈다. 이는 프랑스의 작은 회사가 우리나라에서 김치 업체를 차린 격이다. 더부스는 크라우드펀딩을 통해 미국 캘리포니아의 한 양조장을 사들였고, 양성후 대표가 미국 경영을 담당해 사업을 넓히고 있다. 최근 더부스는 2018년 뉴욕국제맥주대회 2개 부문에서 상을 타는 등 실제적인 결과를 내고 있다. 미국 양조장 오픈 기념 시음 행사에서 지역 주민들의 호평을 받으며 ABC 방송에 소개되기도 했다.

본고장으로의 과감한 진출은 현지에서의 성공 여부를 떠나 앞으로 더부스가 생산할 수제맥주의 질을 높여 국내 시장에서 성장하는 데 커다란 원동력이 될 것으로 보인다.

브루독

기성 맥주 업계를 부숴버리겠다는 의지를 보여주기 위해 탱크를 타고 런던 시내를 활보하고, 러시아의 반동성애법에 항의하는 의미로 블라디미르 푸틴 러시아 대통령을 조롱하는 맥주를 만든 회사가 있다. 스코틀랜드의 수제맥주 업체인 브루독Brewdog의 이야기다.

브루독은 제임스 와트James Watt와 마틴 디키Martin Dickie가 2007년에 스코틀랜드에서 만든 수제맥주 업체다. 고루한 영국 맥주에 불만을 갖고 있던 제임스 와트는 23세에 법학대학을 자퇴하고 브루독을 차렸다. 시작은 어머니의 집 창고였다. 창고에서 맥주를 만들어 시장에 파는 식이었다.

이후 브루독은 대형마트에 맥주를 납품하기 시작하면서 크게 성장했다. 브루독은 10년 만에 직원 750여 명에 990억 원의 매출을 기록하는 대성공을 거뒀다. 현재 브루독의 기업 가치는 1조 원이 넘는 것으로 평가된다. 사업 초기 크라우드펀딩에 참여했던 투자자들이 7년 만에 28배의 수익을 얻었다는 분석까지 나온다.

브루독의 핵심 가치는 모험 정신이다. 브루독의 마케팅이나 사업 방향은 일반적인 비즈니스 법칙에서 크게 벗어나 있다. 기존의 안전한 길을 따르지 않는다. 알코올 도수 0.5%짜리 무알코올에 가깝지만 맛과 향을 강하게 만든 맥주나 알코올 도수 55%의 독한 맥주, 반려견 전용 맥주 등 맥주에 대한 상식을 뒤엎는 맥주들을 만들어 당당하게 내놓는다. 상시 판매하는 맥주도 있지만, 재생산하지 않는 한정 제품들이 더 많은 이유이기도 하다. 게다가 성별이나 임금 차이에 따라 맥주를 달리 할인해주는 등 사회적인 목소리를 내는 데도 주저함이 없다.

"다른 맥주 회사들은 고객을 가졌지만, 브루독은 팬을 가졌다."

영국의 일간지 〈가디언〉에 실린 브루독에 대한 평가다. 기존의 상식을 뒤엎는, 다양한 제품 개발로 브루독은 고객 이상의 팬층을 확보함으로써 고속 성장하고 있다. 심지어 브루독은 수제맥주 시장의 원조격인 미국에서도 성공적으로 자리 잡아 본토를 위협하는 성장세를 보이고 있다. 브루독은 미국 오하이오주 콜럼버스 양조장에 '도그하우스Dog house'라는 객실과 로비에 맥주가 가득한 '맥주여행 전용 호텔'을 지었고, 아예 미국과 영국을 오가는 비행기를 사들여 '맥주여행'이라는 상품까지 판매 중이다. 이외에 브루독은 미국뿐만 아니라 중국, 호주, 한국 등 여러 나라에 직영 펍을 열며 세계적인 수제맥주 브루어리로 거듭나고 있다.

소수의 취향을
사로잡는
브랜드가 되다

— · 2평짜리 매장에서 가맹점 100개의 블렌딩티 프랜차이저로 · —

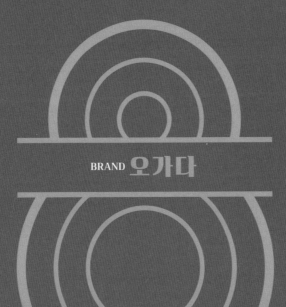

BRAND 오가다

cafe 오가.다

설립 **2009년 7월**

직원 수
50명

티 음료
26가지

프랜차이즈 가맹점 수
110여 개

연매출
100억 원

[2019년 1월 기준]

건강은 메가트렌드다

한국무역협회에 따르면 2018년 커피 품목 수입액은 6억 3728만 달러로 전년 대비 2.8% 감소했다. 커피 품목의 수입액이 감소세를 보인 건 2014년 이후 처음이다. 반면 차 수입액은 2015년 980만 달러에서 2018년 2085만 달러로 가파르게 상승하는 추세다.

커피 공화국이라고 불릴 정도로 우세했던 국내 커피 시장이 한풀 꺾인 이유는 무엇일까. 가장 먼저, 소비자들의 건강에 대한 관심이 높아졌기 때문이다. 게다가 해외여행이 일반화되면서 미국, 영국, 대만, 홍콩 등의 차 문화를 경험한 소비자들이 늘어난 것도 영향을 미쳤다. 또한 홍차, 녹차로 대표되던 차의 종류가 허브차, 발효차, 블렌딩티(차에 과일, 허브, 우유 등을 섞은 것) 등으로 세분화되어 활발히 유통되기 시작한 것도 큰 영향을 줬다.

잠을 깨기 위해, 활력을 얻기 위해 마시는 커피보다 차는 향과 풍미, 분위기가 중시된다. 차를 마시는 행위가 하나의 취미이자 문화로 이어져 온 것 역시 같은 맥락이다.

2009년 문을 연 한방차 전문점 '오가다'는 차 문화 확산과 대중화를 위해 앞장서 온 국내 프랜차이즈다. 20대의 젊은 나이에 오가다를 창립

국내 차 음료 시장 규모는?

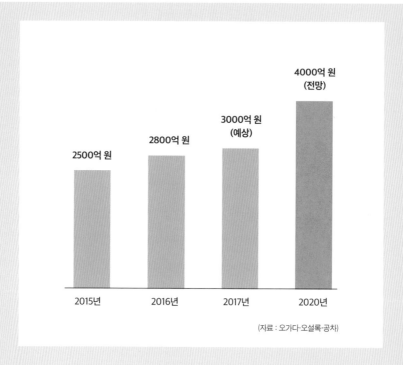

4000억 원
(전망)

3000억 원
(예상)

2800억 원

2500억 원

2015년　　2016년　　2017년　　2020년

(자료 : 오가다·오설록·공차)

국내 차 음료 시장을 이끌고 있는 오가다, 공차, 오설록의 매출을
기반으로 한 차 음료 시장의 규모를 추산한 것이다.
(〈커피 마니아, 티(Tea)로 눈돌리다〉,《여성신문》, 2017.07.25)

한 최승윤 대표는 광화문 한복판에서 직장인들이 일회용 커피컵을 들고 다니는 것을 보면서 어릴 적 어머니가 끓여주신 한방차를 떠올렸다. 매일 한두 잔씩 마셔야 하는 거라면 몸에 좋은 한방차를 마시는 것이 조금이라도 몸과 삶에 도움이 되지 않을까 하고 생각했다. 창업 초기부터 한방차의 대중화는 최승윤 대표의 가장 큰 목표이자 고민이었다. 그리고 오가다가 성장하기 위한 전제조건이기도 했다.

2009년 7월 서울 종로구 무교동에 낸 2평짜리 점포는 그야말로 대박이 터졌다. 점심시간마다 점포 앞에 100m 이상 줄이 늘어섰다. 직장인들은 점심식사 후 숙취 해소에 좋은 갈근구기자차, 피부 미용에 좋은 석류오미자차 등을 마시기 시작했다. 특히 여성들 사이에서 다이어트 음료로 유명세를 탔다. 오가다 메뉴의 열량은 대부분 100kcal 이내이고 5가지 한방차의 경우 20kcal 미만이었기 때문이다.

오가다 1호점 개점 한 달 만에 종로구청에 2호점을 내면서 사업은 급격히 확장됐다. 2010년 한 해 동안 오가다의 매출은 10억 원, 2011년은 그보다 3배 늘었다. 잘되는 점포는 월 매출이 3000만 원이 넘었다. 대기업 프렌차이즈 카페보다는 못하지만 웬만한 개별 브랜드의 커피숍에 비해 경쟁력 있다는 평가를 받았다.

창업 후 3년, 더뎌진 성장

하지만 성공 신화는 지속되지 않았다. 죽음의 계곡이라 불리는 창업 후 3년부터, 매출 증가 속도가 눈에 띄게 더뎌졌다. 오가다는 '업계 1위'라는 이름만 유지한 채 제자리걸음을 거듭했다. 성장 부진의 가장 큰 이유는 한방차 시장의 한계가 결정적이었다. 현대인의 일상에서 떼려야 뗄 수 없는 커피를 한방차로 대체하기란 생각만큼 쉽지 않았다.

오가다를 방문하는 주 고객층은 인근 오피스 빌딩에 근무하며 건강에 관심이 많고 깔끔한 인테리어를 좋아하는 20~40대 직장인들이었다. 건강과 다이어트를 무기로 그들의 발길을 붙들기에는 한방차 특유의 독특한 맛과 향이 젊은이의 입맛에 맞지 않았다. 한두 번은 호기심으로 먹어보더라도 곧 다시 자신의 입맛에 맞는 음료로 되돌아갔다. 오가다에 와서도 아메리카노 같은 커피 음료를 선택하는 고객도 여전히 많았다. 한방차의 맛과 향을 대중화하여 커피처럼 일상적으로 마셔도 거부감이 없도록 만들어야 했다. 하지만 그러면서도 한방차 본연의 향과 효능은 포기할 수 없었다. 풀기 힘든 딜레마였다.

사업 구조적인 면에서도 어려움은 있었다. 한방차 시장 규모가 한정되어 있고 가맹점 수나 매출이 정체된 상황에서도, 오가다 본사는 음료 시장의 후발 브랜드로서 광고비나 시설투자비 등의 초기 비용 지출을 줄일 수가 없었다. 수익이 정체된 데 비해 지출이 줄어들지 않는 상황이니 수익성을 개선시키기가 힘들었다. 같은 이유로 한방차 시장에 뛰어들었던 경쟁 브랜드들도 소리 소문 없이 사라졌다.

국내에서 커피를 주로 판매하는 음료 프랜차이즈는 총 5000여 개에 달한다. 그중에서 3년 이상 운영됐고 직영점이 한 곳 이상 있는 곳은 10%인 500개도 안 된다. 프랜차이즈의 90%가 설립 3년 미만으로 영세한 실정이다.

프랜차이즈 기업의 본사는 가맹점에 제공하는 교육과 마케팅, 브랜드 사용 등에 대한 로열티로 월 매출액의 3~4% 정도를 받는다. 하지만 그마저도 경기가 좋지 않거나 매출이 나지 않아 로열티를 받지 못하는 경우도 많다. 가맹점 로열티를 통한 수익 확보에는 한계가 있었다.

엎친 데 덮친 격으로 3년 이상 운영해오던 장기 가맹점들이 새로운 업종을 시도해보겠다며 잇따라 가게를 접었다. 2012년부터 일본, 미국 등에 호기롭게 시작한 해외 진출도 2년을 넘기지 못하고 전부 철수했다. 그는 이 시기를 죽지 못해 살았던 시절이라고 회고했다. 이때의 경험이 무리한 사업 확장에 대한 위험성을 인식하고, 비즈니스의 새로운 방향성을 모색하는 계기가 됐다.

"착한 프랜차이저란 가맹점주들에게
더욱 저렴하게 제품을 제공하고
확실한 마케팅으로 수익을 보장할 수 있는
능력을 갖추고 있는 것임을 깨달았습니다."

_최승윤 오가다 대표

한방차로 커피를 상대할 수 있을까

2018년 6월 기준, 오가다 음료 메뉴는 총 60여 가지다. 이 중 한라봉 오미자 블렌딩티, 배도라지 블렌딩티, 쌍화 블렌딩티 등의 과일청을 베이스로 하거나 한방차를 새롭게 개발한 차의 종류가 20여 가지가 된다. 그리고 이들이 오가다 매출의 30%를 차지한다. 여기에 일반 카페에서 파는 아메리카노나 카페라떼 등의 커피 메뉴 역시 30%를 차지하며, 나머지 40%는 주스나 빙수, 디저트류가 차지한다. 일반 카페의 커피 메뉴 매출 비율이 70%에 달하는 것에 비해서는 오가다의 한방차 메뉴 매출 비중이 크다고 볼 수 있다. 하지만 일반 카페에는 티 메뉴가 많지 않고, 오가다는 한국형 한방차 프랜차이즈를 표방하는 만큼 한방차의 매출 비율이 높다고는 할 수 없다.

오가다는 한방차와 커피 음료의 매출 비중이 비슷한 이유로 고객이 '한방차 카페'라는 차별화에 끌리면서도 정작 한방차를 먹는 것에는 거부감을 느끼고 있다고 분석했다. 그리고 이 지점이 오가다가 극복해야 할 한계라고 보았다.

물론 기업의 성장을 위해서는 무엇이 잘 팔리든 매출만 많이 나오면 된다는 생각을 하지 않은 것도 아니다. 하지만 '왜 이 기업을 시작했는가'를 생각하면 한방차야말로 오가다의 시그니처이자 목적이었다.

오랜 고민 끝에 오가다는 그동안 건강을 위해 한방차를 마시라고 강요하기만 했지, 고객의 자발적인 행동 변화를 이끌어내지 못했음을 인정했다. 즉, 이제껏 고객의 입맛에 맞춘 한방차를 선보이지 못했던 것이다. 실제로 주 타깃층으로 잡은 20~30대는 대부분 오가다의 한방차를 맛보고 "한약 향이 강하다" "너무 쓰다"는 부정적인 의견을 내놓았다. 게다가 기관지에 좋은 더덕과 약재를 넣어 만든 사삼환기한약차는 이름부터 이질적이라는 이유로 20~30대 고객의 선택을 받지 못했다.

오가다는 20~30대 고객을 사로잡기 위해 맛의 변화를 시도했다. 친숙하지 않은 한약재 대신 배, 대추 같이 익숙하면서도 단맛을 내는 소재를 이용해 차를 개발했다. 한방차 특유의 강한 향이나 맛을 억제시키면서도 건강에 도움이 되지 않는 요소는 뺐다. 농축액과 얼음을 함께 갈아 스무디로 만들거나 우유를 섞기도 했다. 한방차를 대중화된 형태로 재탄생시켜 거부감을 줄이는 시도를 한 것이다.

사회적인 이슈나 시즌에 맞춘 건강 음료를 개발하기도 했다. 미세먼지가 심해지자 기관지 보호에 좋은 배도라지 블렌딩티를 내놓았고, 여름에는 한라봉오미자 블렌딩티를 내놓아 큰 호응을 얻었다.

그리고 한방차 대신 블렌딩티라는 리네이밍을 통해 한방차를 현대적으로 재해석했다는 느낌을 살렸다. 이처럼 맛과 향, 네이밍 등 전 분야에 걸쳐 변화를 시도했다. '이 정도면 괜찮지 않을까?' 하는 공급자 마

카페 오가다 블렌딩티를 즐기는 방법

Step 1. **카테고리 선택 : 선호하는 원재료를 선택한다.**

KOREAN   FRUIT   HERB   TEA LEAF   MILK

Step 2. **효능 선택 : 목적에 맞게 선택한다.**

#원기충전 　#호흡기강화 　#피부미용 　#소화개선 　#심신안정
#노화방지 　#면역력증진 　#다이어트 　#위장강화 　#긴장완화

Step 3. **조화로움이 담긴 블렌딩티 한 잔을 즐긴다.**

오가다는 네이밍에 맞추어 제공하는 블렌딩티를 5가지 원재료와 효능으로 나누어 차별화를 꾀하는 동시에 블렌딩티에 관한 정보를 함께 제공하고 있다.

카페 오가다는 새로운
강호미소안 다섯가지 목적에 따라
건강한 블렌딩티 레시피를 구성합니다.

cafe 오가다

인드에서 벗어나 철저히 소비자의 마음에서 메뉴를 개발하자 20~30대 고객의 선택을 받는 블렌딩티가 점점 늘어갔다. 특히 2017년 이후부터 블렌딩티 매출 비율이 크게 늘었다.

메인 비즈니스는 포기하지 않는다

국내 커피 업계 1위, 스타벅스코리아는 1100개의 매장을 모두 가맹이 아닌 직영으로 운영한다. 가맹점을 운영하면 점포 수를 늘리고 사업을 확장하기는 쉽지만, 본사의 영업 기밀이 노출될 우려가 높고 제품 품질과 서비스의 질을 관리하기 어렵기 때문이다. 하지만 스타벅스코리아처럼 신세계와 미국 스타벅스라는 든든한 자본이 있지 않고서는 직영점만으로 카페 브랜드를 운영하기가 쉽지 않다. 이 때문에 이디야 커피, 투썸플레이스, 파리바게뜨 등 대부분의 식음료 브랜드가 가맹점 확대 및 프랜차이즈 운영을 통해 사업을 꾸려 나가고 있다.

소비자 입장에서 프랜차이즈는 어느 지점을 가든 균일한 수준의 품질과 가격으로 서비스를 받을 수 있기 때문에 믿음이 간다. 창업자 입장에서도 본사에서 제품 관리부터 교육, 메뉴, 광고까지 도맡아 해주기

오가다는 한방차를 현대인의 입맛에 맞게 재해석한다는 기업의 취지에
맞추어 한국화가 김현정이나 리슬 생활한복 등과의 협업을 통해 한국 문
화를 재해석한 마케팅을 꾸준히 진행하고 있다.

때문에 운영에서의 시행착오가 적다는 장점이 있다. 단, 프랜차이즈 본사에 대한 의존도가 큰 만큼 유행이나 소비자 취향이 바뀌는 것에 맞추어 본사가 그 변화를 따라잡지 못한다면, 가맹점 역시 같이 도태될 수밖에 없다는 단점도 있다. 대만식 카스텔라, 생과일주스 등 급작스럽게 늘어났다가 프랜차이즈 브랜드의 인기가 꺼짐에 따라 잇따라 폐업하는 경우가 대표적인 예다. 또한 하나의 가맹점의 잘못이 전체 브랜드 이미지에 손상을 주어 도미노식 폐업을 일으킬 수도 있다.

그래서 오가다는 사업의 위기를 겪으면서도 프랜차이즈 사업의 성공을 우선으로 뒀다. 본사의 매출 구조를 탄탄하게 만들고, 이를 바탕으로 가맹점주에게 양질의 제품을 저렴하게 제공하는 선순환 구조를 만들어야 브랜드가 살아남을 수 있다고 판단했기 때문이다.

또한 가맹점이 성공해야 프랜차이즈가 성공한다고 믿었다. 오가다라는 브랜드를 믿고 투자해준 가맹점주의 믿음에 보답해야 한다는 책임감도 있었다. 가맹점주야말로 오가다의 첫 번째 고객이며, 가맹점의 성공 사례가 오가다의 브랜드를 홍보하는 최고의 방법이라 생각했다. 오가다가 가맹점 관리에 유독 힘쓰는 이유다.

오가다는 가맹점이 안정적으로 운영될 수 있게 초창기 맞춤형 지원을 아끼지 않는다. 대표 및 임원들이 새로 생겨나는 점포들을 수시로 돌며 영업 노하우를 전수하는데, 가맹점주의 신상정보와 창업한 계기 등을 외우고 다니며 맞춤형 솔루션을 제공하기 위해 노력했다.

매출이 잘 오르지 않는 점포가 있으면 본사의 이익이 되는 물품비를 깎아서라도 영업을 이어갈 수 있게 독려했다. 지인들이 "오가다 어느 매장에서 차를 마셨는데 참 친절하더라"라는 칭찬을 하면, 해당 점포에게 물품비를 깎아주거나 감사패를 보내는 등 본사가 지속적인 관심을 쏟고 있음을 보여줬다.

또한 안정적이면서도 큰 매출을 올리는 알짜 매장을 다수 만들어 수익 창출은 물론 성공 사례로써 홍보 역할을 기대하고 있다. 주요 타깃으로 잡은 건 병원이다. 건강에 도움이 되는 국산 재료로 만든 한방차라는 오가다의 컨셉이 병원과 잘 어울리기 때문이다. 또 병원의 경우 환자뿐 아니라 환자 가족이나 의료진 등이 간단히 식사 대용으로 먹을 수 있는 디저트류를 자주 찾기 때문에 인절미, 견과류, 쿠키 등 건강에 좋은 디저트 품목을 가진 오가다가 입점하기에 적합하다. 일례로 서울 노원구에 위치한 국립암센터 내의 매장은 연매출이 15억 원을 기록할 정도로 메가 프랜차이즈 점포 역할을 톡톡히 하고 있다. 이뿐 아니라 대학 병원이나 대학교 등 오가다의 컨셉에 맞는 매장 입지를 분석해 예비 창업주들에게 추천하고 있다.

황금알을 낳는 거위가 한 마리일 필요는 없다

2016년부터 시작된 오가다의 수익 다각화 프로젝트는 프랜차이즈 사업만으로는 힘들다는 위기의식에서 출발했다. 이익률이 낮은 프랜차이즈의 수익성을 보완할 황금알을 낳는 또 다른 거위를 만들어낼 필요가 있었다. 이는 티백, 티 파우치, 청 등의 완제품 생산과 판매로 이어졌다. 완제품 판매는 시간과 비용 대비 수익률이 높아 매출 상승은 물론이고, 브랜드 인지도를 높이는 부수적인 효과가 있다.

2017년 5월, 이마트의 자체 식품 브랜드 피코크와 협력해 오가다의 블렌딩티 3종을 병음료로 출시했고, 2018년 2월 설 명절에는 '프리미엄 티 선물세트'를 코스트코costco에 납품해 완판(매진)했다. 2018년 5월 전국 GS25 편의점 1만 3000개 매장에 '배 모과 유자 블렌딩티'와 '한라봉 녹차 블렌딩티'를 아이스 파우치 형태로 출시했다.

인터넷상거래로 인한 시장 경쟁이 과열된 가운데, 경기 불황까지 이어지자 오프라인 매장이 주요 사업 기반인 편의점이나 마트 등은 개별 브랜드와의 협업을 통해 자사의 매장에서 단독으로 판매할 수 있는 제품 생산에 관심을 기울이고 있다. 시장에서 이미 검증된 제품과 컬래버레이션을 진행해 안정적인 매출을 확보하고, 제품을 보다 고급화하여

오가다는 자체 개발한 블렌딩 티백, 티 파우치, 청 등으로 상품을 만들고, 이를 코스트코 같은 유통 업체와 협업해 선물세트로 구성하는 등 다양한 패키징으로 수익을 끌어내고 있다.

수익성을 높이는 방식을 주로 활용한다. 기존 제품의 인지도로 소비자를 쉽게 모으면서도 그만큼 실패 위험을 줄이는 방법이다.

특히 오가다는 인지도뿐만 아니라 충성 고객층이 있고, 건강 관련 제품인 만큼 선물세트로 구성하는 데 적합했다. 오가다는 이미 선물세트를 자체 개발해 매장에서 판매하고 있었으므로, 리패키징 비용과 마케팅 비용 외에는 별도의 투자가 필요하지 않았다. 그럼에도 영업이익률 40%에 달하는 높은 수익성을 보여줬다.

오가다가 다음으로 노리는 시장은 소규모 카페의 차 납품이다. 대부분의 차는 동아시아에서 생산된 뒤 영국 등에서 가공되고 브랜드화돼 전 세계에 유통되는 구조다. 그리고 국내의 비프랜차이즈 카페들은 대부분 차를 전문적으로 유통하는 기업을 통해 차 티백을 수입, 공급받아 판매한다. 우리나라에는 20년 이상 유럽의 유명 차 브랜드를 지속적으로 수입해온 경쟁력 높은 회사가 시장을 꽉 잡고 있다. 이러한 시장에 오가다가 도전장을 던진 것이다.

오가다는 프랜차이즈 운영을 통해 국내 소비자의 입맛을 가장 가까이에서 확인해왔고, 한방차를 직접 제조하고 유통해온 노하우가 있다는 데에 자신감을 보인다. 국내에서 재배한 신선한 찻잎으로 티 제조에서 유통까지 모든 과정을 진행하므로, 가격 경쟁력 면에서 우위를 점할 수 있다는 점에서 긍정적인 전망을 내놓고 있다.

이처럼 유통 채널의 다각화와 차 납품 시장으로의 진출, 메가 프랜차이즈 매장 늘리기 등의 3박자가 맞아떨어진다면 창립 10주년이 되는 2020년, 눈에 띄는 성과를 낼 수 있을 것이라 기대하고 있다.

> "그 분야의 1등 기업을 보면 시장의 크기를 알 수 있습니다. 큰 시장이라면 당연히 그 시장을 노리는 기업의 규모도 커질 수 있지만, 작은 시장에서는 대표하는 기업의 규모가 곧 시장의 크기를 결정짓기도 합니다. 그런 점에서 오가다가 더욱 성장해야 한방차 시장도 커질 수 있다는 책임감을 가지고 있습니다."

●

직원에게 답이 있다

●

오가다는 프랜차이즈로서 여전히 성장하고 있다. 그리고 최승윤 대표는 성장의 길에 '왜'라는 질문이 함께해야 한다고 믿는다. 왜 이 사업을 해야 하고 왜 대중에게 그 가치를 퍼뜨려야 하는지 고민하지 않는다면 지속 가능한 성장은 불가능하다. 처음부터 철학을 가지고 사업을 시작할 수 없겠지만, 경영하는 내내 성과에만 매몰돼 고민을 멈춘다면 고객, 그리고 직원들은 기업을 떠나고 만다.

오가다는 기업의 철학을 직원과 함께 고민한다. 그동안 기업이 위기에 봉착했다고 느낄 때마다 오가다의 대표와 직원 사이에는 끊임없는 대화가 오갔다. 한방차라는 아이템에 대해 고민했을 때도 "왜 오가다의 고객들은 여전히 한방차를 마시지 않을까"라는 질문에 함께 답을 찾기도 했다.

오가다는 본격적으로 기업 아이덴티티를 고민했다. 이를 위해 직원들과 함께 기업 철학 TF Task Force를 구성했다. 여기서 '우리 회사는 왜 존재해야 하나' '우리는 왜 이 시장에서 살아남아야 하나' 하는 기업의 존재 의의와 어떤 가치를 지향해야 하는지를 고민했다. '현대인은 왜 힘든가' '왜 스트레스가 많고 삶에 대한 만족도가 낮을까'처럼 고객 입장에서 무엇이 필요한지를 고민하기도 했다.

이 문제에 대한 답을 찾기 위해, 전 직원을 대상으로 사진 콘테스트를 열었다. '내가 가장 행복한 순간은 언제인가'를 사진 한 장으로 표현하라는 것이었다. 이때 직원 대부분이 여행 사진을 제출했다. 1년에 단 며칠, 짧은 순간을 할애하는 여행이지만 1년 중 가장 값지고 의미 있게 보내는 시간이 바로 여행에서의 시간이라는 것이다. 오가다는 여기서 해답을 얻었다.

오가다의 주 이용층은 20~40대 직장인들이며, 점심시간에 가장 많이 찾는다. 직장인에게 매일이 여행 같을 수는 없겠지만, 점심시간에 짧은 순간이라도 여행의 설렘을 느낄 수 있게 해준다면 오가다의 존재

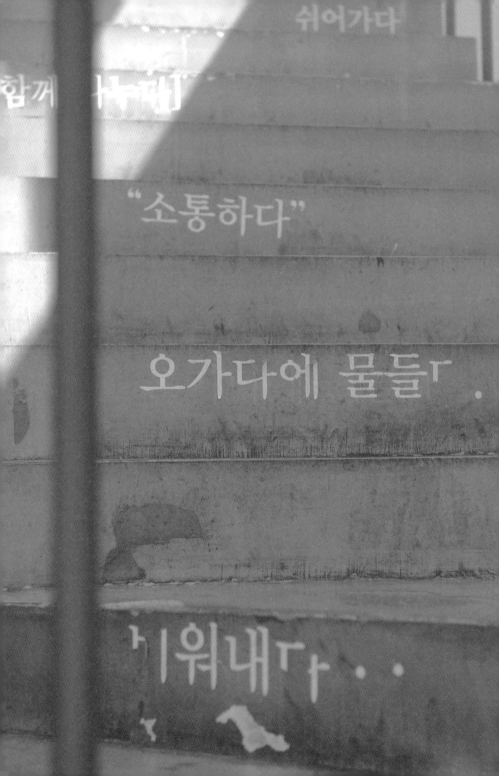

의 이유가 되지 않을까 생각했다.

직원들과의 대화를 통해 오가다가 2018년 세운 경영 목표는 'BASIC'이다. 가맹점주를 중심으로 운영하고Based on franchisees, 고객의 가치를 판단 기준으로 세우고A top priority on customer value, 업무간소화를 추구하며Simplify tasks, 임직원이 전문가가 되어I am a professional, 제품의 질에 집중하자Concentrate on product quality는 의미다.

이 5가지 가치에 오가다의 모든 판단 기준이 오롯이 담겨 있다. 일례로 코스트코와 협력해 만든 선물세트 제품 구성 및 가격을 설정할 때 코스트코와 오가다는 각자의 이익에 따라 의견이 갈렸다. 해결책은 고객 가치(A)에서 찾았다. 고객의 입장에서 선물하는 마음을 전할 수 있으면서도 크게 무리하지 않고 구매할 수 있는 제품과 가격을 선정했다.

업무간소화(S)도 중요하게 생각했다. 창업 10년차가 다 되다 보니 사옥 곳곳에 오랫동안 사용하지 않는 묵은 짐이 많아졌다. 업무적인 면에서도 관성처럼 해왔으나 지금 와서 따져보면 불필요한 업무도 많았다. 그래서 업무 간소화를 위해 회의 때마다 '어떤 일을 하자'가 아니라 '어떤 일을 하지 말자'에 초점을 맞춘다.

그 결과 월요일 오전 회의를 없앴고, 월요일에는 점심 이후에 출근하는 오후 출근제를 실시했다. 한 달 이상 사용하지 않았던 물건들은 모두 버리도록 했다. 오가다 직원 스스로가 여행가는 설렘을 느껴야, 오가다를 찾는 고객들도 공감하고 설렘을 느낄 수 있을 것이라는 판단 때문이었다.

지난 9년간 오가다는 "포화된 음료 시장에서 꿋꿋이 살아남기 위해서는 끊임없이 질문하고 답을 찾아가는 방법밖에 없다"는 사실을 깨달았다. 그리고 그 답은 먼저 직원을 만족시키고 그들의 의견에 귀 기울임으로써 얻을 수 있다는 것도 말이다.

헤이티

인스타그램에서 '#HEYTEA'를 검색하면 헤이티HEYTEA 매장에 들어가기 위해 길게 늘어선 인파 사진을 쉽게 볼 수 있다. 음료를 주문하는 데 최소 1시간, 주문 후 음료를 받는 데도 최소 30분이 걸린다는 이 음료. 도대체 무슨 차이기에 이렇게 줄을 서서 마시는 걸까?

헤이티는 요즘 중국에서 가장 인기 있는 차 브랜드다. 전통차 위에 크림치즈를 얹어 씁쓸하면서도 부드럽고, 달콤하면서도 짠, 조화로운 맛을 창조해냈다. 중국 베이징, 광저우, 선전 등 16개 주요 도시에 100개 넘는 지점이 있으며, 중국 전역에는 2000개가 넘는 가맹점이 만들어졌다. 2018년 5월에는 유명 배달업체인 메이투안 디엔핑으로부터 4억 위안(약 677억 원)의 투자를 받았고 싱가포르 등으로 진출했다.

2012년 헤이티를 설립한 창업자는 중국 광저우에서 휴대폰 판매원으로 일했던 니에윈천聶云宸이다. 그는 유구한 역사를 가지고 있지만 점차 사양되고 있는 중국의 차 문화를 다시 부흥하는 사업을 고민하고 있었다. 그는 차가 찻잎의 탄닌에서 우러나오는 쓴맛 때문에 대중의 인기를 얻지 못하는 거라고 판단했고, 고민 끝에 차 위에 치즈와 거품을 더해 부드러운 맛을 가미했다.

헤이차는 중국의 다양한 전통차를 계승하면서도 젊은 세대가 좋아하는 딸기, 복숭아 등을 넣은 새로운 과일차도 개발했다. 품질 좋은 차를 얻기 위해 찻잎의 원산지는 물론 차밭의 토양 검사까지 실시하는 등의 노력을 기울였다. 치즈는 뉴질랜드에서 수입한 앵커치즈를 사용하고, 버터나 우유 분말 등을 사용하지 않아 칼로리는 낮으면서도 차 본연의 맛을 해치지 않도록 했다.

헤이티가 중국 젊은이들에게 새로운 트렌드가 된 건 SNS 덕분이었다. 차를 마시는 옆모습을 이미지화한 캐릭터는 심플하면서도 감각적인 느낌을 살렸다. 헤이티 매장 역시 모던한 흰 벽에 검정 가구를 배치해 '중국스럽지 않다'는 인상을 준다. 이런 깔끔한 인테리어의 매장에서 알록달록한 헤이티가 담긴 컵을 들고 인증샷을 찍는 것이 유행처럼 번져 입소문이 퍼진 것이다. 시즌마다 달라지는 한정 메뉴나 이색 음료를 먹는 셀카를 공유하는 것이 일종의 놀이처럼 인식됐다. 온라인에서 시작된 놀이가 오프라인의 매출 확대로 이어진 것이다.

사회적 가치를 브랜드에 담다

── 10만 명 취준생을 서포트한 정장 공유 스타트업 ──

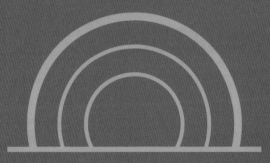

BRAND 열린옷장

THE OPEN CLOSET.NET
열린옷장

설립 **2012년 7월**

직원 수
17명

기증한 기업 수
70여 개

자원봉사자 수
1000여 명

정장, 바지, 가방, 넥타이 등
보유 상품 수
1만 2000여 점

기증한 개인 수
5000여 명

누적 이용자 수
10만 명

빌리고 빌려주는 공유의 시대

공유의 시대다. 2008년, 로런스 레시그Lawrence Lessig 하버드대학교 교수에 의해 공유경제란 개념이 널리 알려진 이후, 세계 공유경제 시장 규모는 매해 폭발적으로 증가해왔다. 영국 회계 컨설팅 기업 프라이스워터하우스쿠퍼스PwC에 따르면 세계 공유경제 시장 규모는 2010년 이후 5년 동안 78% 증가했다. 한국개발연구원KDI은 공유경제 시장 규모가 2013년 150억 달러에서 2025년 3500억 달러로 20배 이상 성장할 것이라고 전망하기도 했다. 이는 전통 거래 경제 시장만큼 공유경제 시장 규모가 커진다는 예측이다. 대량생산과 대량소비라는 20세기 자본주의 경제 개념이, 필요한 만큼 빌려 쓰고 필요 없는 만큼 빌려주는 공유소비로 바뀔 것이라는 의미다.

시장 규모의 성장은 곧 사업을 꿈꾸는 이들에게 있어 기회의 땅이 넓어진다는 의미다. 실제로 공유경제 플랫폼은 매해 매출이 증가하고 있다. 숙박 공유 플랫폼인 에어비앤비의 국내 이용 횟수는 연평균 50% 이상 늘어나고 있고, 차량 공유 업체인 쏘카의 회원 수는 2018년 11월 기준 447만 명을 돌파했다.

대기업 역시 공유경제 시장의 잠재력을 보고 투자 및 사업 확장에 나서고 있다. SK는 쏘카와 합작해 쏘카 말레이시아를 설립하면서 공유경제 시장에 대한 공격적인 행보를 보이고 있다. 또한 현대자동차그룹과 SK는 동남아시아의 자동차 공유 업체인 그랩Grab에 각각 3120억 원과 810억 원을 투자했다.

지자체에서도 공유경제 사업을 지원하거나 운영하고 있다. 서울시의 경우 공유 자전거인 따릉이 2만 대를 마련해 117만 명의 회원이 이용하고 있으며, 그 외에도 주차장, 아이 장난감과 옷 등을 공유하는 기업을 지원하고 있다.

공유되는 대상은 점점 다양해지고 있다. 최근 각광받는 분야는 오피스다. 서울의 공유 오피스 추정 면적은 2015년 5만㎡에서 2018년 8월 39만㎡로 약 8배 정도 커졌고, 공유 오피스 시장 규모 역시 매해 63% 성장할 것으로 예측된다.

무형자산도 공유 대상이다. 취미, 경험, 재능 등을 공유하며 수익을 얻는다. 봉사 형식의 재능 기부가 소비로 전환되고 있는 것이다. 특정 관광지 출신이거나 해당 지역에 많은 여행 경험을 한 일반인이 직접 맛집이나 교통편 등을 공유하며 수익을 얻게 하는 앱이나 정리정돈 같은 소소한 재능을 판매하는 플랫폼도 출시됐다. 공유경제 시장의 사업 품목은 무궁무진하다.

누구도 시장이라고 생각하지 않았던 시장

지금부터 소개할 열린옷장 역시 공유경제에 기반하고 있다. 공유 품목은 정장이다. 창업자 중 한 명인 김소령 대표는 오랫동안 광고 업계에서 크리에이티브 디렉터로 일해왔다. 그러던 중 2011년 민간싱크탱크인 희망제작소의 프로젝트 중 하나인 소셜디자이너스쿨에 참여하면서 삶의 방향이 바뀌었다.

취업이 어려워 힘들어하는 청년에게 면접용 정장을 빌려주는 기획을 구상하고 실천한 것이 시작이었다. 열린옷장의 창업 멤버이기도 한 김소령 대표와 한만일 대표 등은 수요 조사, 의류 기증 요청, 홍보 등의 준비 작업을 거쳐 주말에 한정해 시범 운영을 시작했다. 그리고 생각보다 수요가 많다고 판단해 2012년 정식으로 열린옷장을 공동 창업했다. 이후 2013년 김소령 대표는 회사를 그만두고 본격적으로 열린옷장 경영에 뛰어들었다.

열린옷장이 문을 열 때까지만 해도 구직자 등을 타깃으로 한 정장 공유 서비스는 존재하지 않았다. 연예인이나 아나운서처럼 공연이나 방송에 출연하기 때문에 다양한 옷이 필요한 사람들을 위한 고가의 대여 서비스만이 있었을 뿐이다.

하지만 정장 공유에 대한 수요가 없는 것은 아니었다. 취업 포털사이트인 인크루트가 2012년 진행한 설문조사에 따르면, 신입 구직자 가운데 91.9%가 면접 복장을 구입하는 비용이 부담된다고 답했다. 하지만 면접을 위해 정장을 구입한 사람은 5명 중 2명꼴인 39.1%에 불과했다. 나머지는 지인에게 빌리거나 물려받았음을 유추해볼 수 있다. 이는 곧 20~30대 신입직 구직자를 대상으로 한 정장 대여 서비스의 수요가 시장을 형성하기에 충분하다는 의미다.

하지만 열린옷장이 생기기 전까지만 해도 이러한 시장의 수요에 대해 관심이 없었고, 이를 비즈니스 측면에서 접근하는 사람도 없었다. 하지만 열린옷장 창업자들은 정장 공유 시장의 가능성을 확신했다. 이 시장의 가능성은 실제 열린옷장의 성장을 통해 드러났다. 2012년 창업 후 5개월 동안 겨우 49명이었던 대여자 수가 2017년에는 2만 6000여 명까지 매년 급증했다.

열린옷장의 수익 구조는 간단하다. 정장과 잡화의 대여료 수입으로 직원의 급여와 공간 임대료, 의류 수선과 세탁을 위한 관리비 등을 충당한다. 대여 금액은 3박 4일을 기준으로 재킷 1만 원, 셔츠 5000원, 팬츠나 스커트 1만 원, 구두 5000원 등 품목별로 다르다. 정장 한 벌에 구두까지 3만 원 정도가 든다. 이 외에 열흘 이상 장기 대여하거나 자주 대여하면 30% 할인해주기도 한다. 지갑 사정이 넉넉지 않은 사회초년생들이 주요 고객인 만큼 합리적인 가격 정책을 유지하는 것이다.

홈페이지로 미리 방문 예약을 한
후, 치수를 측정해 나에게 맞는
옷을 골라 대여한다. 탈의실에서
미리 옷을 입어볼 수 있다.

열린옷장은 설립 의도가 청년을 응원하자는 것인 만큼 사회 기여 사업으로 방향성을 잡았다. 그래서 2013년 1월 비영리단체로 등록했고, 4월 서울시에 의해 공유단체로 지정됐으며, 2년 뒤인 2015년 6월 비영리사단법인 인가를 받아 운영되고 있다. 비영리단체인 만큼 운영비를 제외한 수익은 사회에 기여할 수 있는 목적성 사업 등을 통해 환원하고 있다.

이외에도 청년 구직자를 도와줄 수 있는 여러 가지 프로젝트를 진행하고 있다. 뜻을 같이 하는 사진관과 협업해 증명사진을 저렴하게 찍어주는 '열린사진관', 심리와 경력 상담 및 스타일링 컨설팅 비용을 지원하는 '자신감 컨설팅', 법률 상담이 필요한 청년을 위한 '열린법률상담' 등의 서비스가 그것이다.

범국가적 시류는 사업의 기회다

열린옷장이 창업했던 2012년은 청년 실업이 심각한 문제로 꼽히던 시기였다. 청년 실업 문제를 해소해야 한다는 범국가적 공감대가 형성되면서 각종 법 제정과 정책적 지원이 우후죽순 생겨났다. 2019년 현재도 상황은 다르지 않다. 대통령의 집무실에는 일자리 상황판까지 만들어져 있으며, 지자체 역시 앞다투어 예산 지원을 통해 청년 실업 문제를 해소하기 위해 노력하고 있다. 이와 같은 범국가적 시류는 곧 정책적 지원을 낳는다. 이는 열악한 상황에서 출범할 수밖에 없는 스타트업이 시장에 자리 잡고 성장하는 자양분이 된다.

열린옷장 역시 청년 실업이라는 시류에 탑승한 사업 아이템이다. 김소령 대표는 사업 아이템을 구상하는 단계부터 이러한 시대 상황을 인지하고 고려하고 있었다. 당시 사업을 설립한 의도는 단순했다.

"취업이 너무 어려워 힘들어하는 청년에게 큰 건 못 해줘도 정장 한 벌 빌려주고 면접 비용을 줄여주자."

게다가 열린옷장에게는 단순히 이익을 취하는 기업이 아닌 구직에 힘들어하는 청년들을 위한 비영리단체라는 명분이 있었다. 청년의 마음을 얻어야 하는 각종 지자체의 구미에 맞을 수밖에 없었다. 덕분에 열린옷장은 여러 지자체와 협업할 수 있었다. 2016년에는 서울시와 협약을 맺고 청년들의 취업을 돕기 위해 시작한 취업 날개 서비스에 참여해 지금까지 관계를 이어오고 있다. 이외에도 경기도의 안양시, 군포시, 광주시, 고양시 등 여러 지자체와 협약을 맺고 정장 무료 대여 서비스를 진행하고 있다. 이뿐 아니라 기업의 사회 환원 일환으로 LG디스플레이, 현대해상, NH농협생명, 렌딧 등 많은 기업에게서 지원과 기부를 받기도 했다.

좋은 아이템을 갖고도 자금 부족으로 무너지는 스타트업은 무수히 많다. 반면 사업성이 낮다고 인식되는 비영리법인을 운영하면서도 열린옷장이 안정적으로 성장할 수 있었던 것은 사회적 문제를 사업 아이템화시켰기 때문이다.

●

정장에 이야기를 담아 공유하다

●

열린옷장은 '누구나 멋질 권리가 있다'는 모토를 실현하기 위해 다양한 사이즈의 옷을 구비해놓고 있다. 재킷, 넥타이, 가방 등 빌릴 수 있는 품목은 1만 2000여 점에 이를 정도로 다양하다.

열린옷장에서 공유하는 옷 대부분은 개인이나 기업, 단체에서 기증한 것이다. 기증받기 힘든 사이즈의 옷은 기성복을 구입하거나 그마저도 구할 수 없으면 맞춤제작을 하기도 한다.

공유경제 시장의 대표적 업체인 에어비앤비나 우버 등은 주거 공간이나 자동차를 가진 사람이 임시로 이 재화가 필요한 수요자에게 빌려

줌으로써 돈이라는 유형적 수익을 얻는다. 하지만 열린옷장에 정장을 공유한 개인 혹은 단체는 정장을 공유한 대가로 돈을 받지 않는다.

그렇다고 공유자가 아무런 보상도 못 받는 것은 아니다. '나의 정장 대여 이야기'를 통해 정장을 빌린 사람에게서 감사와 이야기를 받는다. 나의 정장 대여 이야기에는 "이 옷을 입고 면접을 봤더니 취업에 성공해 고맙다"는 내용들이 가득하다.

정장을 공유하는 사람 역시 옷을 기부하며 정장과 관련된 자신의 사연을 '나의 정장 기증 이야기'에 담는다. "이 옷을 입고 면접을 봤는데, 합격했다. 이 옷을 입을 사람들도 힘냈으면 좋겠다"는 등의 내용이다. 해당 정장을 빌린 사람은 이러한 내용을 문자메시지로 받아 본다.

여기에 바로 열린옷장의 차별화 포인트가 있다. 단순히 정장을 공유하는 것이 아닌 '이야기'와 '응원과 감사'라는 무형의 가치를 공유하는 것이다. 무형적 성격의 이야기 공유는 기증자와 이용자 모두에게 물질적인 돈의 보상을 넘어 정서적 만족감을 제공한다.

이는 곧 정장 공유의 활성화를 이끄는 선순환 구조를 만들었다. 열린옷장이 5년 사이 이용자 수가 500배 증가하고, 1만 개가 넘는 아이템을 구비하는 등 사업 규모를 짧은 기간 폭발적으로 늘려가며 순항해올 수 있었던 원동력이 되었다.

단순히 의류 공유라는 사업 아이템만으로 시장에 뛰어드는 것은 위험하다. 열린옷장처럼 한 발 더 나아간 비즈니스 모델이 필요하다. 실

열린옷장에서 대여 가능한 품목은 정장부터 구두, 가방, 넥타이 등
1만 2000여 점에 이른다. 이 중에는 일반 매장에서는 구하기 힘든
사이즈의 옷들도 많아서 이를 위해 방문하는 고객도 적지 않다.

제로 국내에서 공유경제 시장의 잠재력을 믿고 여러 의류 공유 업체가 생겨났지만, 창업 2년째를 넘기지 못하고 대부분 문을 닫았다. 그 이유 중 하나가 바로 렌털용 의류를 구매하기 위한 과도한 초기 자본 투자 때문이었다.

열린옷장이 사업을 오래 유지할 수 있었던 데에는 초기 비용이 들지 않은 것도 한몫했다. 열린옷장이 정서적 보상이 아닌 물질적 보상을 토대로 한 일반적인 공유 서비스로 시작했다면, 공유 비용이 늘어나 사업 확대에 한계가 있었을 것이다. SK플래닛 같은 대기업도 사업 초기 높은 투자비용에 비해 적은 수익으로 인해 의류 공유 사업을 철수해야만 했다.

열린옷장의 성공 요인은 기증을 이용해 의류 구입비용을 대폭 줄였고, 사회적기업의 특성으로 정책적 지원을 받을 수 있었으며, 구직자라는 명확한 타깃을 정했기 때문이다. 모든 사업 분야에서 통용되는 이야기이지만, 공유 사업 역시 수요가 있는 명확한 타깃 설정과 수익 구조를 고려할 필요가 있다.

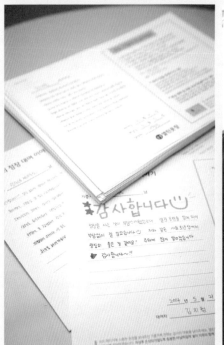

열린옷장의 비즈니스 핵심 포인트 중 하나는 바로 이야기의 공유다. 한 벌의 옷을 거쳐간 다양한 사람들의 이야기를 통해 정장을 넘어 응원과 감사의 마음을 공유한다.

마케팅하지 않는 마케팅

"비용은 얼마나 들까요?"

경제부 기자로 각종 스타트업이나 중소기업을 취재하기 위해 관계자에게 전화를 하면, 꼭 듣는 질문이다. 단순히 취재상 필요해서 혹은 기삿거리가 돼서 인터뷰 요청을 한 것이고 비용에 대한 이야기는 한마디도 꺼내지 않았음에도 그렇다. 이는 일부 돈을 받고 기사를 실어주는 언론사가 있기 때문이기도 하지만, 그만큼 스타트업이나 영세 중소기업들이 언론 노출을 통한 마케팅에 목이 마르기 때문이기도 하다. 대기업처럼 홍보비를 충분히 책정하고, TV나 신문 광고 같은 고전적 매체부터 온오프라인 영역을 아우르는 적극적인 마케팅을 할 수 없기에 더욱 그렇다.

열린옷장은 그동안 홍보비를 따로 책정한 적이 없다. 5년이 넘어 사업체가 안정화 단계로 들어섰지만 여전히 마찬가지다. 그렇지만 네이버 같은 포털 사이트에 열린옷장을 검색해보면 수많은 기사와 블로그 후기가 올라와 있다. 개중에는 방송국이나 신문사에서 게재한 기사들도 많다. 대형 매체에 광고를 하는 데는 큰 비용이 들지만, 열린옷장은 돈 한 푼 들이지 않고 이를 해낸 것이다.

이는 언론이 먼저 열린옷장을 찾아 취재를 했다는 이야기다. 즉, 기자들이 보기에 열린옷장이 기삿거리가 될 만한 기업이라는 의미다. 기자들이 열린옷장을 홍보하기 위해 취재를 요청한 것은 아닐 테지만, 결과적으로는 홍보를 자처한 셈이 됐다.

"한 곳에서 취재 요청을 해와서 응했더니, 곧 다른 매체에서도 잇따라 취재 요청이 들어오더라고요."

기자나 PD 등 언론 매체에 콘텐츠를 올리는 사람들의 특성을 이해한다면 이런 일이 가능한 이유를 이해할 수 있다. 기자들은 늘 기삿거리를 찾아 헤맨다. 그들은 매일 기사가 될 아이템을 발제한다. 발제 능력은 곧 기자의 역량이다. 당연히 아무 내용이나 기사화하지는 않았다. 기자들은 소위 이야기가 되는 기사를 찾는다. 기준은 여러 가지이지만 가장 큰 세 가지는 의미, 시의성, 재미다. 세 가지를 모두 충족하면 훌륭한 발제다. 이 중 한두 가지만 충족해도 이야기가 되는 기사가 될 수 있다.

열린옷장은 세 가지 모두에 해당한다. 청년 취업난이 심각한 상황에서(시의성), 우리나라에서 처음으로 정장을 공유하는 서비스(의미). 게다가 이용자들 사이에 훈훈한 응원과 감사함을 공유하는(흥미성) 열린옷장은 기자에게 있어 훌륭한 발제거리다. 하루에도 수백 통의 홍보 문자와 이메일을 받는 기자에게, 열린옷장은 아이템 자체만으로 어필하고 있었다.

게다가 이용자들 역시 자발적으로 블로그나 SNS에 글을 올리며 홍보를 자처한다. 최근 스타트업이 많이 쓰는 'SNS에 후기를 올리고 인증하면 할인 서비스를 제공해준다'는 식의 조건이 없는데도 말이다.

열린옷장에서는 이를 사업 아이템이 가지고 있는 진정성 때문이라고 분석한다. 인생의 중요한 전환점을 지나고 있는 청년들이 힘들고 외로운 상황에서 받은 응원에 대해 자발적으로 고마움을 표시하고 있다는 것이다. "후기를 올리면 할인을 해주는 이벤트를 하면 더 효과적인 홍보가 되지 않겠느냐"는 기자의 질문에 김소령 대표는 단호하게 고개를 저었다. 사업의 진정성이 훼손될 수 있기 때문이라고 답했다. 앞으로도 열린옷장은 이러한 상업적 방식의 홍보 활동은 하지 않을 생각임을 밝혔다.

환호할 때가 위기다

늘 성장만 해왔던 열린옷장에도 위기가 없지 않았다. 사업이 안정화

되고 본격적으로 확장하기 시작한 2015년에 처음으로 심각한 위기가 찾아왔다. 효율적인 시스템을 갖추지 못한 상황에서 사업이 확장되면서 나타난 부작용이었다.

찾아오는 고객이 급속히 늘어나면서 직원들의 업무 강도가 높아졌다. 고객의 수요에 맞는 의류 확보에도 더 많은 시간을 쏟아야 했다. 야근이 늘어났고 직원들의 표정에서 점점 생기가 사라졌다. 게다가 직원들 사이에서 각 팀에 주어진 업무량이 공평하지 않다는 이야기가 나돌며 서로에 대한 불신까지 생겼다. 애초에 청년들을 응원한다는 취지로 생긴 기업인 만큼 고객들을 힘 있게 맞이해야 했지만, 회사 분위기가 좋지 않은 만큼 직원들의 응대는 점점 기계적이 되었다.

김소령 대표는 위기 상황을 해결하기 위해 특단의 조치를 꺼내들었다. 일주일 동안 서비스 제공을 중단하고, 방을 빌려 단체 합숙에 들어간 것이다. 서로 소통이 필요한 시점이라고 생각했기 때문이다.

스타트업 같은 영세 업체는 임대료 등의 문제로 일정 기간 업무 중단을 결정하기가 쉽지 않다. 쉬는 기간 동안 수익을 내지 못하면 경영 악화를 낳기 때문이다. 하지만 김소령 대표는 내부 정비가 먼저라는 판단을 내렸다. 내부 문제를 해결하지 못한 상태에서의 지속적 운영은 업무의 비효율화를 낳을 수 있어서다.

합숙 기간 동안 매일 자연스럽게 회의가 이어졌다. 소통을 통해 각 팀 직원들은 서로의 오해를 풀었다. 대표 또한 회사의 구조적 문제를

직원들의 업무 환경을 개선하기 위해 기계를 구입하고, 예약이나 반납 등
무인 업무가 가능한 부분의 시스템을 개편해 효율성을 높였다.

깨달았다. 일주일의 합숙 결과 업무 시스템이 개선됐다. 의류 세탁의 업무 효율성을 높이기 위한 각종 기계를 구입했고, 상시 방문에서 예약 방문으로 시스템을 개편했다. 업무 분담에 대한 팀 사이의 불만을 줄이기 위해 순환제 근무도 도입했다. 당시 만든 업무 체계는 지금까지도 유지되며 운영되고 있다.

결과적으로 대표의 결단은 열린옷장이 사업 확장을 앞두고 효율적인 시스템을 마련하는 데 결정적인 역할을 했다.

주인으로 대할 때 주인의식이 생긴다

"소령 님, 어디 가세요?"

열린옷장에서 3년을 일한 김민영 씨는 인터뷰를 하던 도중 사무실 밖으로 나가는 김소령 대표에게 물었다. 김소령 대표도 김민영 씨에게 '민영 님'이라고 불렀다.

구글이나 애플 등 외국 유수의 기업들이 직급에 관계없이 활발한 토론을 통해 창의적 생각을 독려해 수익을 내고 있다는 사실이 알려지면서, 일부 국내 기업들도 호칭 없애기에 나선 것은 사실이다. 특히 스타트업에서는 흔히 나타난다. 하지만 이는 보통 직원들 사이에 이뤄지지 대표한테까지는 해당되지 않는 경우가 많았다.

반면 열린옷장은 대표와 직원의 벽도 없앴다. 특히 대표와 직원의 나이 차가 적지 않아 더 흥미로웠다. 일반적인 직급 호칭을 사용하는 평범한 기업체에서 1년 동안 일한 경험이 있는 김민영 씨에게 대표를 호칭 없이 부르는 데 부담이 없느냐고 물었으나 "전혀 없다"고 답했다. 이유를 물었더니 대답이 뜻밖이었다. "김소령 대표가 대표 같은 느낌이 없다"는 것이다.

김민영 씨는 김소령 대표가 대외 활동을 할 때를 제외하면 직원들과 같은 일을 한다고 했다. 구두도 같이 닦고, 세탁도 같이 하고, 짐도 같이 나른다는 것이다. 항상 직원과 같은 일을 하는 대표의 모습을 보니 특별히 직위에 따른 벽을 느끼지 않는다고 했다. 열린옷장은 단순히 구호에 그치는 수평 문화가 아니라 진정 대표부터 말단 직원까지 수평적인 문화를 갖고 있었다.

수평적인 조직 문화는 직원들에게 주인의식, 책임감을 갖게 하는 결과를 만들었다. 직원들은 서로를 존중하는 분위기 속에서 회사 내 고쳐야 할 부분에 대해 자유롭게 말하고 개선해 나가는 데 익숙하다고 했다. 이는 스타트업이 흔히 겪는 위기인 인력 운용에도 도움이 됐다. 열린옷장이 직원들에게 소위 열정페이밖에 줄 수 없는 상황에서 벗어나 일정 수준 이상의 급여를 제공할 수 있게 된 것은 2015년부터였다. 이

"영리를 목적으로 하지 않기 때문에
단 한 명의 고객이 필요한 옷이라고 하더라도,
그 옷을 구해주는 게 열린옷장의 기본 원칙입니다."

_김소령 열린옷장 대표

김민영 씨

때를 기준으로 입사한 직원 가운데 퇴사한 직원은 거의 없다.

이는 곧 업무에 숙달된 인력이 안정적으로 일하고 있다는 의미다. 소수로 운영되는 스타트업의 특성상 업무 숙련도가 높은 직원 한 명의 이탈은 치명적일 수밖에 없다. 하지만 열린옷장은 이러한 리스크를 거의 겪지 않고 있었다. 그만큼 직원들이 회사에 애정과 책임감을 갖고 있다는 이야기다. 3년차라 주변에서 "이직 안 하느냐"는 질문을 자주 듣는다는 김민영 씨는 "열린옷장은 진정 내가 주인인 회사 같다. 그만큼 애정을 갖고 있다. 안 망하게 개선시키면서 오래 다니고 싶다"며 웃었다.

열린옷장은 앞으로 단순히 정장이 필요한 청년층뿐만 아니라, 옷이 필요한 모든 사람에게 도움이 될 수 있도록 사업 범위를 확장할 계획이다. 열린옷장에서 도움을 받은 사람들의 기부 문의가 늘면서 의류 확보가 이전보다 쉬워진 만큼, 사업 확장에는 큰 어려움이 없을 것으로 보인다. 또한 열린옷장은 그동안 쌓인 수많은 사람들의 의류 사이즈 빅데이터를 이용해 굳이 입어보지 않아도 최적의 옷을 추천받을 수 있는 프로그램을 개발해 업무 효율성을 높여 사업 확장에 속도를 낼 계획이다.

렌트더런웨이

"자라를 사업에서 손 떼게 하겠다I plan to put Zara out of business."

의류 공유 업체로 매해 폭발적인 성장을 거듭하고 있는 미국의 렌트더런웨이 Rent the Runway의 공동 창업자인 제니퍼 하이먼jennifer hyman이 패스트 패션의 대표격인 자라를 향해 던진 선전포고다. 렌트더런웨이가 자라에게 당당하게 도전장을 던질 수 있었던 이유는 의류 소비의 패러다임이 변하고 있기 때문이다. 그는 의류도 이제는 소유에 의한 소비재가 아닌 공유에 의한 소비재로 탈바꿈할 것이라고 확신했다. 그리고 그 변화의 중심에 바로 렌트더런웨이가 있었다.

2009년 설립된 렌트더런웨이는 한 달에 15만 원 정도의 비용으로 구비한 의류를 마음껏 빌려주는 서비스로 인기를 얻고 있다. 회원도 600만 명을 넘어섰다. 2018년에는 알리바바의 창업자, 마윈에게 2000만 달러(약 213억 원)의 투자를 받으며, 렌트더런웨이의 기업 가치는 8억 달러로 치솟았다

초기 렌트더런웨이는 일반인이 자주 입기 힘든 고가의 드레스를 빌려주는 사업 모델이었다. 이를 일상복으로 확장한 데에는 SNS의 일상화가 큰 영향을 미쳤다고 볼 수 있다.

최근 젊은 세대를 중심으로 SNS에 자신의 스타일을 보여줄 수 있는 옷에 대한 욕구가 늘었다. 일례로 인스타그램에는 그날의 패션을 찍어서 올리는 '#ootdoutfit of the day'라는 해시태그가 달린 글이 2억 4000만 개에 달한다. 이렇게 사진은 매일 올리고 싶은데, 같은 옷을 입고 사진을 찍고 싶지는 않은 것이

다. 그러다 보니 SNS에 올릴 사진만 찍고 옷을 반품하는 사례가 늘기 시작했다. 저렴한 소재를 사용해 파격적인 디자인의 촬영용 옷만을 싸게 파는 쇼핑몰마저 생겨났다. 이는 시즌별로 옷을 소비하는 SPA보다 더욱 빠른 소비 패턴을 보여주는 것이다.

이러한 소비자의 니즈에 맞춰 렌트더런웨이는 한 달에 일정 비용만 내면 매일매일 새로운 옷을 입을 수 있도록 한 것이다. 렌트더런웨이는 단순히 옷을 대여해주는 것에서 한발 더 나아가, 큐레이션 서비스를 도입했다. 출근용인지, 데이트용인지, 파티용인지 등 상황에 따라 스타일링을 추천해주는 것이다.

빠른 트렌드 변화와 빅데이터 기술 도입, 경험 경제의 부상으로 렌트더런웨이의 성장은 앞으로도 긍정적으로 보인다.

온-오프라인으로의
확장을
두려워하지 마라

최초의 소셜데이팅 플랫폼에서 싱글라이프 비즈니스까지

BRAND 이음

이음

설립 **2008년 10월 27일**

직원 수
100명

자본금
8억 8000만 원

누적 다운로드 수
200만 건

가입자 수
(이음, 이음오피스, 맺음 누계)
130만 명

[2018년 5월 기준]

연애는 사업이 된다

"다시 또 사랑할 수 있을까?"

2018년 채널A에서 방영된 〈하트시그널〉은 일반인 남녀 여럿이 한 집에 살며 서로를 알아가고 이성적 호감을 느끼는 과정을 관찰하는 예능 프로그램으로 화제를 낳았다. 취업과 성공의 고단함에 연애와 결혼을 포기한다는 요즘 세대. 그럼에도 여전히 많은 사람이 사랑을 하고 싶어 한다.

벤처 업계도 이 추세를 잇고 있다. 전 세계적으로 데이팅 앱 시장은 6조 원 규모에 달한다. 시장 신규 진입도 활발하다. 같은 회사도 계속해서 서브 브랜드를 만들어내고, 심지어 마크 저커버그 페이스북 창업자도 2018년 4월 페이스북 개발자 컨퍼런스에서 "페이스북이 가진 세계 최대의 소셜네트워크망을 통해 인연을 연결하는 데이팅 서비스를 출시할 예정"이라고 밝혔을 정도다. 이미 시장은 레드오션이 된 것이다.

데이팅 앱의 특징은 이용자들이 돈을 쓰는 데 주저하지 않는다는 것이다. 매칭된 파트너의 프로필을 보고 실제 연락처를 얻기 위해 유료 아이템을 이용해야 하는데, 실체가 없는 게임 아이템을 살 때보다 훨씬 흔쾌히 현금을 지불한다. 이 때문에 앱 업계에서는 '빨리 현금을 만들려면 게임이나 데이팅 앱을 하라'는 우스갯소리까지 있을 정도다.

모바일 시장조사 업체 센서타워에 따르면 전 세계 비非게임 앱 중에서 두 번째로 가장 많은 돈을 벌어들이는 앱이 바로 데이팅 앱 틴더tinder다(1위는 넷플릭스). 틴더 가입자 중 월평균 10~20달러(1만~2만 원) 정도를 쓰는 이는 300만 명에 달한다.

2008년 출범한 국내 벤처 이음소시어스도 이런 청춘들의 니즈를 정확히 겨냥했다. 이음은 20~30대 미혼 남녀에게 온라인을 통해 하루에 한 명씩 데이트 상대를 소개하는 서비스를 기본으로 시작했다. 이름처럼, 두 사람을 이어주는 서비스인 것이다.

바쁜 일상에 이성친구를 사귈 여유가 없는 사람, 주변에 누군가 소개해달라고 말하기 민망했던 사람들을 겨냥한 이음은 인터넷, SNS를 통해 이성을 소개받는 '소셜데이팅social dating'이라는 개념을 도입해 새로운 시장을 만들어냈다.

이음은 새로운 서비스라는 이점을 십분 활용해 2010년 미래에셋벤처투자로부터 5억 원의 투자 유치에 성공하면서 화려하게 서비스를 론칭했다. 이후 여성창업경진대회 대상(2010), 대한민국 인터넷대상 국무총리상(2011), 스타트업 배틀 코리아 대상(2012) 등 잇따라 큰 상을 수상했다. 현재 누적 다운로드는 200만 건이 넘고 가입자는 125만 명을 돌파했다. 대한민국 싱글 남녀(800만 명) 중 17%가 이음에 가입돼 있는 것이다. 이음이 맺어준 뒤 서로 OK를 해 만난 커플은 2700만 쌍이나 된

데이팅 앱 이음은 20~30대 미혼 남녀에게 온라인을 통해 하루에
한 명씩 데이트 상대를 소개하는 서비스로 시작했다.

다. 결혼까지 연결된 커플에 대해서는 "어느 이상부터는 세지 않아서 모르겠다"고 답할 정도다.

심플한 비즈니스 모델의 중요성

이음은 하루 두 번, 오후 12시 30분과 6시에 이성을 매칭해준다. 이음 공동 창업자 김도연 대표는 미국의 쇼핑몰 우드닷컴에서 24시간 동안 한 가지 상품만 파는 데서 이 서비스의 아이디어를 착안했다. 점심 후, 퇴근 후 등 하루의 긴장이 풀리는 시간에 이용자에게 기분 좋은 설렘을 선물하겠다는 의도도 들어 있다.

매칭 메시지를 클릭하면 상대방의 사진과 자기소개를 볼 수 있다. 이때 필요한 정보는 일반 결혼 정보 회사가 원하는 것과 상당히 다르다. 실명이나 직업, 출신 대학 같은 평면적 정보는 없고 대신 내 성격, 외모, 취미, 그리고 연애 희망사항 등 이용자의 취향과 센스가 드러나는 정보들이 전달된다.

예를 들어 한 남성 직장인 가입자의 이음 자기소개는 이런 식이다.

성격: 내 여자에게는 누구보다 따뜻한 성격

취미: 별 계획 없이 항공, 숙소만 잡고 떠나는 여행

좋아하는 것: 고양이를 껴안고 뒹굴뒹굴 놀기

연애 희망사항: 먼 거리에 살더라도 주말에 가끔씩 볼 수 있었으면 좋겠다

요즘 연애는 이전보다 더 다변화됐다. 이전 세대야 만남-연애-결혼-출산으로 이어지는 전형적인 코스가 당연시됐지만 지금은 아니다. 그저 카카오톡 메신저로 간단한 대화를 나눌 이성친구를 원하는 사람부터 가끔 만나 근사한 저녁을 먹을 데이트메이트를 찾는 사람, 혹은 진지하게 만나다 결혼하더라도 아이는 낳고 싶지 않다고 생각하는 사람까지, 이성을 만나는 목적이나 추구하는 방향이 각양각색이다.

각자 복잡한 연애의 목적을 단순히 이름이나 직업, 학벌만으로는 알아차리기 어렵다. 그런데 이음의 프로필을 보면 상대방이 지향하는 연애관을 명확하게 알 수 있어 시행착오를 겪을 위험이 적다. 게다가 서로 사진을 통한 외모만 보고 판단하는 데이팅 앱에 비해 세밀한 정보를 얻을 수 있다는 점이 장점이다.

이용자는 소개해준 사람이 마음에 들면 'OK'를, 마음에 들지 않으면 'PASS'를 선택한다. 이음은 이용자가 어떤 사람에게 'OK'와 'PASS'를 하는지 그 패턴을 분석한다. 그러면서 더욱 이상형에 적합한 사람을 찾아

준다. 자신도 몰랐던 이상형을 분석해주는 것이다. 단순히 조건만 맞춰주는 결혼 정보 회사에 비해 더욱 정교하고 세밀한 매칭이 진행된다.

이렇게 문자로 이음 매칭 알람을 받은 이용자가 양쪽 모두 OK를 한 뒤 서로의 연락처를 보기 위해서는 비용을 지불해야 한다. 수익을 창출하는 구조가 매우 간단명료하다.

이음은 이 장점을 이용해 2010년 서비스 출시 6개월 만에 유료화를 도입했다. 유료화 시행 첫 달에 매출 5000만 원을 달성했고 6개월 만에 손익분기점을 돌파했다.

모든 벤처의 숙제이자 생존 조건이 바로 수익 모델 구축이다. 수억 원의 투자를 유치하거나 이용자 수가 많더라도 자체적인 수익 모델을 갖추지 못한 사업은 고사하고 만다. 대부분 기업이 창업 후 3년쯤에 겪는 위기의 시기를 죽음의 계곡이라고 부르는 이유도, 이때가 창업 자본이 마르는 시기이기 때문이다. 결국, 자체 수익 모델을 갖추지 못한 기업은 3년 고비를 넘기지 못한다는 것이다.

그럼에도 많은 창업가가 수익 모델에 대한 명확한 비전도 갖지 않은 채 무모하게 사업에 뛰어드는 모습을 보인다. 이용자가 늘어나면 광고가 붙고 돈이 될 것이라는 장밋빛 미래만 꿈꾸는 것이다.

한때 국내 플랫폼 중 가장 많은 이용자를 보유했던 음원 스트리밍 서비스인 '비트'. 광고를 보면 무료 영상을 볼 수 있는 유튜브처럼, 음악을 무료로 들을 수 있는 서비스였다. 최대 실사용자가 1500만 명이 넘어

일종의 신드롬 현상을 일으켰고 2014년과 2015년 연속으로 구글코리아가 꼽은 '올해의 앱'에 선정되기도 했다.

하지만 비트는 결국 2016년 11월 30일 서비스를 종료해야 했다. 비트의 실패 원인은 크게 두 가지로, 유료화 실패와 수익 구조를 제대로 만들지 못한 탓이다. 사이트 운영비와 음원 사용료 등 들어가는 비용은 많았는데, 광고 수익은 터무니없이 적었다. 게다가 기존 메이저 유통업체의 입김까지 더해지니 사업을 유지할 수 없었다.

플랫폼 이용자 수, 다운로드 수 등의 트래픽을 늘리는 것과 수익 모델은 전혀 다른 문제다. 돈을 내고 이용할 만한 비즈니스 구조를 만들어낼 수 있는가, 그리고 수는 적더라도 비용을 기꺼이 지불할 만한 이용자를 얼마나 끌어들일 수 있느냐가 중요하다. 그런 면에서 데이팅 앱은 이용자 DB를 쌓으면 빠르게 수익으로 이어지는 구조라는 점에서 많은 스타트업계의 주목을 받았다.

카피캣에 대처하는 방법

이음의 무서운 상승세는 서비스 출시 불과 1년 만에 주춤했다. 이음

한국 앱 이용자는 어디에 돈을 썼을까?

1		카카오톡	6		아자르
2		정오의데이트	7		앙톡
3		아만다	8		BIGO LIVE
4		라인 플레이	9		당연시
5		레진코믹스	10		이음

모바일 앱마켓 분석 사이트 앱애니App Annie에서 2012년부터 2018년 8월까지 구글플레이 소비자 지출 기준으로 분석한 자료다(기본 설치 앱 제외). 10위 안에 5개가 데이팅 앱이다.

의 성공 사례를 보고 300여 개의 카피캣이 출시된 탓이다. 유료 서비스인 이음과는 달리 후발 업체들은 무료를 무기로 빠르게 규모를 키웠다.

2017년 기준 데이팅 앱 매출 순위로 보면 아만다(넥스트매치), 정오의데이트(모젯), 심쿵(콜론디), 당연시(BNK랩), 글램(큐피스트) 등 후발 주자가 이음을 앞서고 있다. 최근에는 서비스 대상 이용자를 세분화한 데이팅 앱까지 등장하고 있다. 종교인을 대상으로 한 크리스천데이트, 애견인과 애묘인끼리의 만남을 주선하는 펫앤러버 등이다. 이들은 각자 다니는 교회나 반려견 사진 등을 인증해야 가입할 수 있는 이용자의 특성화로 화제를 모았다.

카피캣 업체들이 늘어나면서 웃지 못할 에피소드도 있었다. 한 카피캣 업체가 이음의 이용약관을 베껴다 쓴다는 게 약관의 회사명까지 그대로 가져간 것이다. 하지만 이음은 이를 비난하거나 문제 제기하지 않았다.

유사 서비스의 범람은 어찌 보면 당연한 일이었다. 소셜데이팅 사업의 특성상 수익 구조가 명확하면서도 기술적 진입장벽이 낮기 때문이다. 이음은 사업 초기부터 카피캣을 막고 독점적으로 업계를 장악하기는 어렵겠다고 인정했다. 파이를 많이 차지할 수 없다면, 일단 소셜데이팅 시장 자체가 커지는 수밖에 없다고 생각했다.

한국소비자보호원에 따르면 2016년 기준 운영 중인 데이팅 앱은 170여 개에 이르고 총 가입자 수는 300만 명이 넘는다. 2017년 구글과 애플의 앱마켓에서 게임을 제외한 한국 소비자 지출 합산 상위 10개 앱 중 4개가 데이팅 앱이었다. 국내 데이팅 앱 시장은 2015년 500억 원, 2017년 1000억 원, 2018년 2000억 원 규모로 급속한 성장세를 보이고 있다.

문제는 시장이 커지는 속도보다 시장을 나눠야 하는 업체들의 증가 속도가 너무 빨랐던 것이다. 경쟁은 치열해질 수밖에 없었고, 카피캣의 범람 속에서 살아남기 위해 이음은 차별화 포인트를 고민해야 했다.

고객의 신뢰를 얻는 법

전 세계적으로 데이팅 앱 시장이 성장하면서 이에 따른 사회문제도 대두됐다. 데이팅 앱을 악용해 개인정보를 유출하거나, 성폭행·성매매 등 각종 성범죄 피해 사례도 발생한 것이다.

이런 문제가 발생하는 건 상당수 데이팅 앱이 회원 수 확보를 위해 본인 인증 절차를 허술하게 운영하기 때문이다. 실제로 일부 데이팅 앱에서는 타인의 사진과 개인정보를 사용해 활동하거나, 신분을 위장해 관계를 발전시킨 뒤 돈을 요구하거나 성범죄를 저지르는 경우도 있었다. 이 때문에 데이팅 앱의 이용자 안전 수칙을 제정하거나 관련 법안이 필요하다는 목소리까지 나오고 있다.

이런 험악한 뉴스를 반복적으로 접하다 보면 이용자가 데이팅 앱에서 제공하는 정보를 신뢰하기 어렵다. 상대방의 정보가 거짓은 아닐까, 혹시 범죄에 연루되는 건 아닐까 하는 두려움을 갖는 것이다.

이음은 사업 초기부터 이 부분을 민감하게 고민했다. 그 결과 이음은 회원가입할 때 사진과 실명, 이메일, 본인 명의 휴대전화 등을 철저히 확인한다. 물론 신분증이나 주민등록등본, 재학증명서나 재직증명서 등을 일일이 확인하지 않으니 완벽한 검증은 어려울 수밖에 없지만 최소한 실명과 성별은 인증을 거치므로 거짓 정보로 가입하는 것을 어느 정도는 막을 수 있다.

이음이 고객의 신뢰를 얼마나 중시하는지는 이용약관만 봐도 드러난다. 회원은 미혼 남녀만 가능하다는 내용을 반복적으로 알리고, 자신의 진실한 개인정보를 입력해야 한다고 강조한다. 만약 회원이 허위,

부정한 정보를 입력해 다른 이음 회원에게 피해가 발생할 시 민형사상 책임을 묻겠다고 강력하게 경고한다. 사실 기업 입장에서 회원가입에 허들이 있다는 건 마이너스 요소가 될 수밖에 없다. 그럼에도 지금까지 원칙을 고수하는 이유는 이용자에게 신뢰를 얻기 위해서다.

물론 이러한 이음의 다양한 경고 조치에도 불구하고 사고가 있었다. 기혼자가 이음을 통해 사람을 소개받고 만난 사실이 드러난 것이다. 이때 이음은 해당 이용자가 그간 소개받은 사람들에게 한명 한명 따로 연락을 했다.

"회원님께 이전에 매칭해드린 OOO 씨가 기혼인 사실이 드러났습니다. 혹시 피해를 입으셨던 내용이 있나요? 만약 OOO 씨를 고소하실 생각이 있으시면 저희가 모든 법적 지원을 하겠습니다."

법적인 조치로 이어지지는 않았지만, 만약 이음이 조기에 발견하지 못했다면 어떤 사건이 발생했을지 모를 일이다. 처음 문제제기를 했던 이용자도 이음의 해결 방안을 들은 뒤에는 '또 다른 피해를 막을 수 있어 다행'이라며 추가적인 문제제기를 하지 않았다.

"이용자 수를 늘리는 것도 중요하지만 회원들을 실망시키지 않는 것이 가장 중요합니다."

하락기를 인정하지 않으면 다시 일어설 수 없다

2012년부터 2015년까지는 이음의 암흑기였다. 2010년 이음 출시 직후에는 투자를 받고 수익 모델을 궤도 위에 올렸다. 이후 채용을 늘렸고 20억 원이 넘는 외부 투자까지 받았다. 그런데 카피캣이 넘쳐나면서 국내 시장에서의 성장세가 멈췄고, 야심차게 도전했던 해외시장은 첫발을 떼기도 전에 불발됐다.

모든 벤처가 '한국 시장은 좁다'며 해외 진출을 시도했던 때였다. 이음 역시 국내 시장에서의 장악력이 점점 약해지자 일본, 홍콩, 대만, 싱가포르 등으로의 진출을 도모했다. 회사의 핵심 인력이 모두 해외 서비스 개발에 투입됐고 해외 이용자 DB를 모으기 위해 엄청난 마케팅 비용을 들였다. 하지만 제대로 된 서비스를 해보기도 전에 실패했다. 왜일까.

소개팅 서비스는 문화를 반영한다. 문화를 이해하지 못하면 성공할 수 없다. 세계 1위 틴더가 국내 시장에서 크게 두드러지지 못하는 것도 같은 맥락이다. 2018년 초부터 본격적인 마케팅을 시작한 틴더는 연예인을 모델로 세우며 TV 광고를 하는 등 마케팅에 집중하고 있지만 이용자 수 확대 폭은 크지 않아 보인다. 틴더는 가입 시 인증 절차가 비교적 덜 엄격하고 매칭 시스템도 간편하다 보니 가벼운 만남이나 불건전한 만남이 많다는 인식이 생겼다. 한국식 소개팅 문화나 만남 문화를 반영하지 못하기 때문에 이용자들은 거부감을 느꼈다.

이음 역시 해외 진출 시 같은 어려움을 겪었다. 현지인 한 명도 없이 해당 국가의 문화를 이해하지 못하는 이음이 그 나라의 사람들을 이어주는 사업을 한다는 것 자체가 어불성설이었다.

이 시기, 초창기 대표를 맡았던 박희은 대표까지 밴처캐피탈vc 업계로 자리를 옮기면서 공동 대표였던 김도연 대표가 단독 대표로 취임하는 등 회사 내부 구조에도 큰 변화를 겪었다. 이음의 초창기를 이끌었던 박희은 대표의 퇴사는 회사에 영향을 끼칠 수밖에 없었다. 취임 기념 기자간담회에서 김도연 대표는 당시의 상황을 야구에 비교해 설명했다. 야구에도 선발투수가 있고 구원투수가 있는데, 지금까지 박희은 대표가 선발투수로서 잘해줬다면 이제 자신이 구원투수로서 등판해야 할 시기라는 것이다.

김도연 대표는 "당시 6개월간 7킬로그램이나 빠졌다. 정말 먹성이 좋은데 설렁탕에 밥을 다 말아놓고도 한 숟가락 뜨지 못했다"며 쓴웃음을 지었다. 이음을 혼자 이끌게 된 김도연 대표는 이음의 패러다임을 바꿔야 한다고 판단했다. 이전까지는 다양한 시도를 하는 것에 의의를 뒀다면, 핵심 비즈니스만 집중하고 발전시켜야겠다고 결정했다.

생존을 위한 구조조정이 필요했던 시기였다. 53명이었던 직원을 6개월에 걸쳐 절반 가까이 구조조정 해야 했다. 그리고 남은 직원들과 어떻

"절벽 밑에 뭐가 있을까요. 물이면 좋겠는데, 바위가 될 수도 있죠.
지금은 죽을 정도는 아닌데, 뛰어내리면 정말 죽을지도 몰라요.
그런데 사업은 죽지 않으려고 하는 건 아니잖아요.
기업은 성장하지 않으면 어차피 죽거든요. 일단 뛰어내리는데,
가장 물이 많을 것 같은 데로 뛰어내려 보는 거죠."

_김도연 이음 대표

게 하면 살아남을 수 있을까 고민했고, 그 결과 나온 것이 이음오피스와 오프라인 서비스 맺음이었다.

●

우리가 가장 잘하는 것은 무엇인가

●

이음은 스스로의 강점이 리서치 능력을 기반으로 20~30대 싱글의 니즈를 잘 알고 있다는 점이라고 판단했다. 수년간 이음 서비스를 통해 매칭 데이터와 트래픽이 쌓였고, 이를 바탕으로 더욱 정교한 매칭 프로그램을 만들 수 있다는 자신감이 있었다. 이 프로그램을 이용해 실질적인 커플 성사도와 결혼율을 높이면 20~30대 싱글들이 즐겨 이용하는 '트랜드 컴퍼니'가 될 것이라 확신했다.

이런 맥락에서 이음보다 한 단계 발전한 프리미엄 서비스인 이음오피스가 탄생했다. 이음오피스는 2015년 아임에잇이라는 이름으로 시작됐다. 매일 낮 12시 반, 이성을 소개해주는 점은 기존의 이음과 동일했지만 한 가지 특별한 점이 있었다. 이음오피스는 실명뿐 아니라 학력, 직장까지 인증해야 가입할 수 있었다. 처음에는 전문직이나 회사 임원 등 상위 8%의 직장인 전용 서비스를 표방했으나, 점차 이용자 범

이음은 타깃을 좁히고 강점을 특화해 직장인 전용의 이음오피스, 그리고
오프라인 결혼 정보 회사 맺음 등으로 서비스를 확장시켰다.

위를 확대했다.

이후 좀 더 특화된 서비스를 위해 직장인 익명 SNS 플랫폼인 블라인드와 업무 협약MOU을 맺은 후 서비스를 리뉴얼했다. 오피스가 밀집한 지하철역 일대에서 앱 홍보를 위한 두근두근 설렘박스 행사를 개최하는 등 핀포인트 마케팅을 진행하기도 했다.

더 나아가 온라인에 갇히지 않고 오프라인으로 사업을 확장했다. 오프라인으로 만남을 주선하는 '맺음'을 출시한 것이다. 기존 결혼 정보회사와 유사한 사업 모델로 온라인에 이어 오프라인에서의 만남까지 책임지겠다는 전략이다. 맺음에서는 직장, 학력, 나이, 외모, 성격 등 회원이 원하는 구체적 조건에 맞춰 세밀한 매칭을 해줄 뿐 아니라 8명으로 이루어진 전담팀이 이상형 분석, 연애 코칭, 애프터 케어까지 집중 관리를 해준다. 이음은 맺음을 출시하기 3년 전부터 유능한 커플매니저들을 영입하는 등의 준비를 해왔다.

사실 소셜데이팅 앱이 오프라인 만남까지 확대하는 과정은 쉽지 않은 일이다. 대부분 온라인 회사는 오프라인 사업을 하는 데 공포를 느낀다. 온라인과 달리 막대한 인건비와 투자비가 필요한 데다 기존 온라인 사업이 피해를 입을 수 있기 때문이다.

"인터넷으로 시장을 한정시켜 승부하려고 해서는 확장성이 없어요. 오프라인 시장으로 활로를 찾아가야 해요. 대부분 개발자들은 오프라인

시장에 대한 공포가 있지만 그걸 뛰어넘는 게 기획자이자 경영자의 역할이죠."

　그럼에도 이음이 오프라인 사업에서도 성공할 수 있었던 건 철저한 고객의 니즈 분석과 수차례 시범 운행을 진행하며 성공 확률을 높인 후에야 비로소 사업 확장을 실행에 옮겼기 때문이다. 이음은 사업 초기 서울대 출신 창업가들이 주변 인물을 통해 고객 DB를 쌓은 덕분에 학벌 좋은 대기업 회사원이 많이 가입하는 서비스라는 이미지가 형성되어 있었다. 실제 법조인이나 의사, 대기업 사원들이 많이 가입해 DB도 확보한 상태였다. 게다가 이음은 온라인 서비스를 하면서 기존 회원들 중 상당수가 진지하게 결혼을 전제로 한 만남을 원한다는 니즈를 확인했다.

　2014년, 오프라인 사업 도입을 앞두고 '이음신의 리얼 소개팅'이라는 모임을 진행했다. 이음이 친구가 돼 소개팅을 주선하겠다는 콘셉트였는데 2주 동안 3000명 이상의 신청자가 몰릴 정도로 성공적이었다. 이음을 오프라인으로 옮겨오는 프로젝트는 계속해서 진행됐다.

　2016년 이음오피스의 전신인 아임에잇이 진행했던 '소개팅 택시'도 같은 맥락에서 진행된 사업이다. '혼자 타서 둘이 되는 택시'라는 카피처럼, 택시에 동승한 남녀가 목적지에 도착할 때까지 대화를 나누면서 서로 알아가는 이색 소개팅 이벤트였다. 일주일 만에 신청자가 670명이 몰렸다. 나이와 직업, 주거지 및 연애 성향까지 파악해 매칭해준 상

소개팅 택시는 온라인 데이팅 앱이 오프라인 확장을 위한 파일럿 프로젝트였고,
이에 대한 성공으로 이음은 오프라인에 대한 두려움을 떨쳐냈다.

대와 함께 택시라는 밀착된 공간에서 같은 풍경을 보며 조용히 대화할 수 있는 로맨틱하면서도 즐거운 경험을 했다는 평가를 받았다.

—

이제는 라이프스타일 비즈니스가 대세다

—

회원 수나 매칭이 중요한 업계에서 대형 모회사가 없이 한정된 자원으로 영업하는 벤처의 승부는 치열할 수밖에 없다. 하지만 이음은 조바심을 내는 대신 '우리가 가장 잘하는 것'에 집중해 차별화하기로 했다. 체계적인 매칭과 오프라인 연계가 바로 그것이다.

이음소시어스의 오프라인 도전은 2018년 더욱 확대됐다. 굿즈컴퍼니라는 세컨드 컴퍼니를 설립해 화장품 제조, 판매 사업에 도전하기로 한 것이다.

소개팅과 화장품의 공통점은 뭘까? 같은 분야라고 생각하기 힘들지만 이음의 관점은 다르다. 이음이 싱글을 위한 서비스를 하는 만큼 그들의 '라이프'에 필요한 상품을 제공하는 것으로 확장할 수 있다는 것이다. 그러므로 싱글이 가장 관심이 많은 뷰티 사업에도 강점을 가질 수 있다고 보았다.

화장품 사업에 도전하기로 결심한 뒤 이음 직원들은 지방 화장품 제조 회사, 부자재 회사들을 돌며 시장조사를 시작했다. 국내에는 한국콜마 등 유명 화장품 OEM 회사들이 많고 진입장벽이 낮은 시장이라 판단했지만, 후발 주자로서 차별화를 가질 포인트를 찾기란 쉽지 않았다.

이에 대해 일부 직원들은 "이음의 소개팅 서비스만으로 3년 이상 흑자를 내고 있는데 왜 이미 레드오션인 화장품 사업을 벌이느냐"며 반발하기도 했다. 하지만 이음을 맺음으로 발전시키며 김도연 대표는 오래 살아남기 위해서는 오프라인 시장에 꼭 도전해야 한다는 결론을 내렸다.

O2O 서비스의 대표주자인 배달의민족은 처음에는 단순히 음식 주문 및 배달 서비스에 그쳤지만 현재는 배민라이더스, 배민문방구 등 오프라인 서비스업과 제조업으로도 사업을 확장했다. 오프라인 사업의 경우 온라인에 비해 광고 효과가 크고 매출 규모도 더욱 키울 수 있다는 장점이 있다.

이음소시어스 역시 맺음 서비스를 통해 규모의 경제를 위해서라도 오프라인 시장의 도전은 선택이 아니라 필수임을 똑똑히 깨달은 바 있다. 이음은 곧 20대를 겨냥한 화장품을 출시해 홈쇼핑 등을 통해 유통할 예정이다. 전혀 해보지 않은 시장에 대한 도전, 그 결과는 어떨까.

이음소시어스의 탄생 10주년 기념식 날, 김도연 대표는 거창한 자화자찬 대신 이렇게 털어놓았다.

"10년 동안 살아남을 확률은 고작 8.2%밖에 되지 않는다는 스타트업 시장에서 이렇게 10주년을 기념하고 있으니 감회가 새롭습니다. 앞으로도 직원들이 이음과 함께 성장하고 발전할 수 있었으면 합니다."

회사를 만들고 운영하는 것은 단거리가 아닌 장거리 마라톤이라는 것. 지쳐 쓰러지는 대신 변화에 적응하며 주법走法을 바꾸어가며 끊임없이 달리는 것. 그러면서도 내가 가장 잘하는 것을 잊지 않는 자신감. 그것들이 10년 동안 사업을 이어올 수 있었던 자산이라는 것을, 김도연 대표는 누구보다 잘 알고 있다. 이음

틴더

전 세계 1위 데이팅 앱인 글로벌 소셜 플랫폼 '틴더'는 영화 〈킹스맨〉, TV 드라마 〈그레이 아나토미〉 등을 통해 데이팅 앱의 대명사로 인식되었다.

2012년 출범한 틴더는 오케이큐피드okcupid, POFPlenty of Fish, 미틱meetic 등 다양한 데이팅 앱 브랜드를 가진 미국 매치그룹의 한 브랜드다. 다양한 데이팅 앱 브랜드를 통해 폭 넓은 고객층을 수용하는 멀티 브랜드 전략을 추구한 결과다.

틴더의 매칭 방법은 단순하다. 상대방의 프로필 사진과 간단한 소개를 보고 마음에 들면 오른쪽으로, 마음에 들지 않으면 왼쪽으로 화면을 밀면(스와이프) 된다. 이 중 오른쪽으로 스와이프한 사용자끼리 연결이 되고 대화를 나눌 수 있다.

위치 기반 서비스를 활용해 사용자가 설정한 반경(2~161km) 안에서 연결되니 실제 만남으로 이어질 가능성이 높고 서로 동의한 경우에만 매치가 되니 조심스러운 여성 사용자 사이에서 인기가 높다. 이렇게 매일 틴더에서 매치되는 커플은 196개국 20억 쌍에 달한다.

틴더의 2018년 매출은 8억 달러(원화 9048억 원)이며, 기업 가치는 지난 2017년 8월 기준 30억 달러(원화 3조 4000억 원)로 평가받았다. 틴더를 운영하는 매치그룹은 나스닥에 상장됐으며 시가총액은 약 136억 달러(원화 15조 원)가 넘는다.

승승장구하는 틴더지만 많은 오해와 비판을 받았다. 특히 가벼운 관계와 부정한 관계를 부추긴다는 비난을 받아왔다. 프로필을 사실과 달리 꾸밀 수 있는 데다 누구든 손쉽게 이성을 소개받을 수 있으니 부정을 저지르는 데 이용되는 앱이라는 오명을 얻기도 했다.

이에 대해 틴더는 "우리는 새로운 관계를 맺는 두 사람의 불꽃(스파크)이 일어나기 전에 불쏘시개tinder 역할만 할 뿐"이라고 강변했다. 어차피 사람들이 꼭 해야 하는 만남의 첫걸음을 조금 더 쉽게 해준다는 데 초점을 맞춘 서비스라는 것이다. 첫만남 이후 서로를 알아가는 과정은 지금도 예전과 같지만, 기술이 발전한 시대에는 첫만남이 조금 더 빠르고 효율적이어야 한다고 틴더는 주장한다. 거절당할지 모른다는 두려움을 줄여주면, 더 많은 만남을 이어줄 수 있다는 것이다.

틴더는 2018년 2월 이후 한국 진출에 더욱 박차를 가했다. 기술에 대한 이해와 보급이 빠른 한국 시장을 공략해야 아시아 시장까지 잡을 수 있다고 판단했기 때문이다.

"기초 체력이 몸에 배도록 할 것.

다부지고 끈질긴, 피지컬한 힘을 획득할 것.

자신의 몸을 한편으로 만들 것." _무라카미 하루키

김도연 이음 대표는 인터뷰 중 무라카미 하루키의 《직업으로서의 소설가》를 읽은 감상을 이야기했다. 벤처 사업가의 삶도 소설가와 비슷하다는 생각이 들었다는 것이다.

누구보다 자유로울 것 같은 소설가의 삶. 하지만 10년 이상 꾸준히 소설을 출간해야 하는 직업으로서의 소설가로 살아남기란 쉽지 않다. 하루키는 재능, 능력보다 중요한 건 체력과 꾸준함이라고 했다. 매일 세끼 꼬박꼬박 식사를 하고 운동을 하고 같은 시간 책상에 앉아 5~6시간씩 원고를 쓴다. 어떤 글을 쓰든 팬이나 비평가, 혹은 익명의 누군가에게 비판과 비난을 받지만, 그럼에도 매일 무언가를 써내려가야 하는 게 소설가의 삶이다.

스타트업도 마찬가지다. 종이와 펜만 있으면 누구나 소설을 쓸 수 있는 것처럼, 좋은 아이디어만 있으면 사업에 성공할 수 있을 것이라고 쉽게 생각한다. 그러나 하나의 작품이 10년 넘게 사랑받기란 쉽지 않듯, 대중의 주목을 받고 10년 넘게 살아남는 브랜드를 만들기는 더욱 어렵다. 스타트업

10곳 중 9곳은 5년 안에 사라지는 잔인한 시장. 링에 오르긴 쉽지만 버티기는 어렵다는 말이 절로 실감난다.

"사업을 하는 내내 〈인디아나 존스〉의 해리슨 포드가 된 꿈을 꿨다."

최근 사업을 접은 한 창업가의 말이다. 울창한 울림, 폭포수 아래로 적을 피해 달려가는데 크고 작은 돌멩이가 떨어진다. 더 두려운 건, 그 돌이 얼마나 큰지, 얼마나 많이 쏟아질지 알지 못한다는 점이다. 창업이라는 건 매 순간 새로운 세계로 발을 들여야 하는 불안정하고도 예측 불가능한 일이다.

이 책은 살아남은 브랜드에 대한 이야기다. 번뜩이는 아이디어로 주목을 받는 첫 번째 스텝, 규모가 커지면서 다양한 시행착오를 겪는 두 번째 스텝을 지나 대중의 생활상을 변화시키고 가치를 파생시키는 세 번째 스텝에 다다른 브랜드들 말이다.

이 책에 실린 10명의 사업가들은 모두 "같은 고민을 하는 사업가들이나 후배들에게 도움이 된다면 오히려 감사한 일"이라며 기꺼이 인터뷰에 응해주었다. 이들이 사업을 유지하는 데는 엄청난 기술이나 전략, 특별한 능력이 있을 것 같지만, 어찌 보면 단순했다. 견디고 버티고 점점 더 나아지는 것, 뚜벅뚜벅 한 걸음씩 나아가는 것이다.

그렇기에 10년 뒤, 이들의 미래가 궁금해진다. 패기 넘치는 젊은 창업가에서 시작해 많게는 수백 명의 직원을 이끄는 대표가 된 이들이, 미래 사회에는 더욱 중요한 역할을 하는 멘토가 될 수 있을 것이라 확신한다.

필자들은 방송사에 근무하며 사상 최악의 취업난과 창업난에 고통받는 청년들의 뉴스를 자주 전했다. 이들을 인터뷰하며 그들의 불행에 해답은 주지 못한 채 사연만 이용하는 것 같아 늘 마음 한편이 불편하고 미안했다.

그들이 이 책을 읽고 자신의 길을 찾는 데 조금이나마 도움이 된다면, 이 책을 통해 조금이나마 후배들에게 빚을 갚을 수 있다면 더할 나위 없이 감사하겠다.

2019년 3월
김유림 씀